TRANZLATY

La Langue est pour tout le Monde

زبان برای همه است

Le Manifeste Communiste

مانيفست كمونيست

Karl Marx
&
Friedrich Engels

Français / فارسی

Copyright © 2025 Tranzlaty
All rights reserved.
Published by Tranzlaty
ISBN: 978-1-80572-372-1
Original text by Karl Marx and Friedrich Engels
The Communist Manifesto
First published in 1848
www.tranzlaty.com

Introduction
مقدمه

Un spectre hante l'Europe : le spectre du communisme

شبحی اروپا را تسخیر می کند ـ شبح کمونیسم

Toutes les puissances de la vieille Europe ont conclu une sainte alliance pour exorciser ce spectre

تمام قدرتهای اروپای قدیم به یک اتحاد مقدس وارد شدهاند تا این شبح را از بین ببرد

Le pape et le tsar, Metternich et Guizot, les radicaux français et les espions de la police allemande

پاپ و تزار، مترنیخ و گیزوت، رادیکالهای فرانسوی و جاسوسان پلیس المان

Où est le parti dans l'opposition qui n'a pas été décrié comme communiste par ses adversaires au pouvoir ?

حزب اپوزیسیون کجاست که از سوی مخالفانش در قدرت به عنوان کمونیست محکوم نشده است؟

Où est l'opposition qui n'a pas rejeté le reproche de marque du communisme contre les partis d'opposition les plus avancés ?

اپوزیسیون کجاست که سرزنش کمونیسم را علیه احزاب اپوزیسیون پیشرفته تر رد نکرده است؟

Et où est le parti qui n'a pas porté l'accusation contre ses adversaires réactionnaires ?

و حزبی که این اتهام را علیه دشمنان ارتجاعی خود مطرح نکرده است کجاست؟

Deux choses résultent de ce fait

دو نتیجه از این واقعیت

I- Le communisme est déjà reconnu par toutes les puissances européennes comme étant lui-même une puissance

I. کمونیسم در حال حاضر توسط تمام قدرت های اروپایی به عنوان یک قدرت شناخته شده است

II- Il est grand temps que les communistes publient ouvertement, à la face du monde entier, leurs vues, leurs buts et leurs tendances

زمان ان رسیده است که کمونیست ها در مواجهه با کل جهان، دیدگاه
ها،اهداف و گرایش های خود را اشکارا منتشر کنند .

ils doivent répondre à ce conte enfantin du spectre du
communisme par un manifeste du parti lui-même

باید این داستان کودکانه شبح کمونیسم را با مانیفست خود حزب به دست
اورند

À cette fin, des communistes de diverses nationalités se sont
réunis à Londres et ont esquissé le manifeste suivant

برای این منظور، کمونیستهای ملیتهای مختلف در لندن گرد هم امده و
مانیفست زیر را ترسیم کردهاند۔

ce manifeste sera publié en anglais, français, allemand,
italien, flamand et danois

این مانیفست قرار است به زبان های انگلیسی، فرانسوی، آلمانی،
ایتالیایی، فلاندری و دانمارکی منتشر شود

Et maintenant, il doit être publié dans toutes les langues
proposées par Tranzlaty

ارائه می Tranzlaty و در حال حاضر ان را به تمام زبان هایی که
دهد منتشر می شود

Les bourgeois et les prolétaires
بورژوازی و پرولترها

L'histoire de toutes les sociétés qui ont existé jusqu'à présent est l'histoire des luttes de classes

تاریخ تمام جوامعی که تاکنون وجود داشته‌اند، تاریخ مبارزات طبقاتی است.

Homme libre et esclave, patricien et plébéien, seigneur et serf, maître de guilde et compagnon

فریمن و برده،اشراف زاده و مردم ،لرد و رعیت ،استاد صنفی و مسافر

en un mot, oppresseur et opprimé

در یک کلمه،ستمگر و سرکوب شده

Ces classes sociales étaient en opposition constante les unes avec les autres

این طبقات اجتماعی همواره در مخالفت با یکدیگر ایستاده بودند

Ils se sont battus sans interruption· Maintenant caché, maintenant ouvert

انها به یک نبرد بی وقفه ادامه دادند.حالا پنهان ،حالا باز

un combat qui s'est terminé par une reconstitution révolutionnaire de la société dans son ensemble

مبارزه ای که یا به یک بازسازی انقلابی جامعه به طور کلی به پایان رسید.

ou un combat qui s'est terminé par la ruine commune des classes en lutte

یا جنگی که به نابودی مشترک طبقات رقیب منتهی میشد

Jetons un coup d'œil aux époques antérieures de l'histoire

بیایید به گذشتهای پیشین تاریخ بنگریم

Nous trouvons presque partout un arrangement compliqué de la société en divers ordres

ما تقریبا در همه جا یک نظم پیچیده از جامعه را به ترتیب های مختلف می بینیم

Il y a toujours eu une gradation multiple du rang social

همیشه درجه بندی چندگانه ای از رتبه اجتماعی وجود داشته است

Dans la Rome antique, nous avons des patriciens, des chevaliers, des plébéiens, des esclaves

در روم باستان ما اشراف زاده ها،شوالیه ها ،مردم ،بردگان داریم

au Moyen Âge : seigneurs féodaux, vassaux, maîtres de
corporation, compagnons, apprentis, serfs

در قرون وسطی: اربابان فئودال،رعیت ،استادان صنفی ،مسافران ،
کاراموزان،رعیت ها

Dans presque toutes ces classes, encore une fois, les
gradations subordonnées

تقریبا در تمام این کلاسها،دوباره ،درجهبندیهای فرعی

La société bourgeoise moderne est née des ruines de la
société féodale

جامعه بورژوازی مدرن از ویرانه های جامعه فئودالی جوانه زده است

Mais ce nouvel ordre social n'a pas fait disparaître les
antagonismes de classe

اما این نظم اجتماعی جدید خصومتهای طبقاتی را از بین نمی برد

Elle n'a fait qu'établir de nouvelles classes et de nouvelles
conditions d'oppression

فقط طبقات جدید و شرایط جدید سرکوب را ایجاد کرده است

Il a mis en place de nouvelles formes de lutte à la place des
anciennes

به جای ان کهن اشکال جدیدی از مبارزه ایجاد کرده است

Cependant, l'époque dans laquelle nous nous trouvons
possède un trait distinctif

با این حال، دوره ای که ما خودمان را در ان می بینیم دارای یک
ویژگی متمایز است

l'époque de la bourgeoisie a simplifié les antagonismes de
classe

عصر بورژوازی تضادهای طبقاتی را ساده کرده است

La société dans son ensemble se divise de plus en plus en
deux grands camps hostiles

جامعه به عنوان یک کل بیشتر و بیشتر به دو اردوگاه بزرگ خصمانه
تقسیم می شود

deux grandes classes sociales qui se font directement face : la
bourgeoisie et le prolétariat

دو طبقه بزرگ اجتماعی که مستقیما روبروی هم قرار دارند :بورژوازی
و پرولتاریا

Des serfs du Moyen Âge sont sortis les bourgeois agréés des
premières villes

از رعایای قرون وسطی، دهات اجاره شده شهرهای اولیه به وجود امده بود

C'est à partir de ces bourgeois que se sont développés les premiers éléments de la bourgeoisie

از این برگها نخستین عناصر بورژوازی به وجود امده بود

La découverte de l'Amérique et le contournement du Cap

کشف امریکا و گرد کردن دماغه

ces événements ont ouvert un nouveau terrain à la bourgeoisie montante

این حوادث زمینهای تازه را برای بورژوازی در حال رشد باز کرد

Les marchés des Indes orientales et de la Chine, la colonisation de l'Amérique, le commerce avec les colonies

بازارهای هند شرقی و چین،استعمار امریکا ،تجارت با مستعمرات

l'augmentation des moyens d'échange et des marchandises en général

افزایش در ابزار مبادله و در کالاها به طور کلی

Ces événements donnèrent au commerce, à la navigation et à l'industrie une impulsion jamais connue jusque-là

این رویدادها به تجارت، دریانوردی و صنعت انگیزهای داد که پیش از این هرگز شناخته نشده بود۔

Elle a donné un développement rapide à l'élément révolutionnaire dans la société féodale chancelante

این امر به سرعت به عنصر انقلابی در جامعه فئودالی متزلزل تبدیل شد

Les guildes fermées avaient monopolisé le système féodal de la production industrielle

اصناف بسته نظام فئودالی تولید صنعتی را در انحصار خود گرفته بودند

Mais cela ne suffisait plus aux besoins croissants des nouveaux marchés

اما این دیگر برای افزایش خواسته های بازارهای جدید کافی نبود

Le système manufacturier a pris la place du système féodal de l'industrie

نظام تولید جای نظام فئودالی صنعت را گرفت

Les maîtres de guilde étaient poussés d'un côté par la classe moyenne manufacturière

استادان صنفی توسط طبقه متوسط تولیدی به یک طرف هل داده شدند

La division du travail entre les différentes corporations a disparu

تقسیم کار بین اصناف مختلف شرکت ها ناپدید شد

La division du travail s'infiltrait dans chaque atelier

تقسیم کار در تک تک کارگاهها نفوذ کرد

Pendant ce temps, les marchés ne cessaient de croître et la demande ne cessait d'augmenter

در همین حال، بازارها همچنان در حال رشد بودند و تقاضا همیشه افزایش می یافت

Même les usines ne suffisaient plus à répondre à la demande

حتی کارخانهها هم دیگر برای براورده کردن خواستهها کفایت نمیکنند.

À partir de là, la vapeur et les machines ont révolutionné la production industrielle

پس از ان،بخار و ماشین الات انقلابی در تولید صنعتی ایجاد کردند

La place de fabrication a été prise par le géant de l'industrie moderne

محل تولید توسط غول پیکر،صنعت مدرن گرفته شده است

La place de la classe moyenne industrielle a été prise par des millionnaires industriels

میلیونر های صنعتی جای طبقه متوسط صنعتی را گرفتند

la place de chefs d'armées industrielles entières ont été prises par la bourgeoisie moderne

بورژوازی مدرن جای رهبران کل ارتشهای صنعتی را گرفت

la découverte de l'Amérique a ouvert la voie à l'industrie moderne pour établir le marché mondial

کشف امریکا راه را برای صنعت مدرن برای ایجاد بازار جهانی هموار کرد

Ce marché donna un immense développement au commerce, à la navigation et aux communications par terre

این بازار توسعه عظیمی به تجارت، ناوبری و ارتباطات از راه زمینی داد.

Cette évolution a, en son temps, réagi à l'extension de l'industrie

این توسعه،در زمان خود ،در گسترش صنعت واکنش نشان داده است

elle a réagi proportionnellement à l'expansion de l'industrie et à l'extension du commerce, de la navigation et des chemins de fer

نسبت به چگونگی گسترش صنعت و چگونگی گسترش تجارت، ناوبری و راه اهن واکنش نشان داد.

dans la même proportion que la bourgeoisie s'est développée, elle a augmenté son capital

به همان نسبتی که بورژوازی توسعه داد،سرمایه خود را افزایش دادند

et la bourgeoisie a relégué à l'arrière-plan toutes les classes héritées du Moyen Âge

و بورژوازی هر طبقهای را که از قرون وسطی به دست امده بود به پیشزمینه هل میداد

c'est pourquoi la bourgeoisie moderne est elle-même le produit d'un long développement

بنابراین بورژوازی مدرن خود محصول یک دوره طولانی توسعه است.

On voit qu'il s'agit d'une série de révolutions dans les modes de production et d'échange

ما میبینیم که این یک سلسله انقلابها در شیوههای تولید و مبادله است.

Chaque étape du développement de la bourgeoisie s'accompagnait d'une avancée politique correspondante

هر گام رشدی بورژوازی با یک پیشرفت سیاسی متناظر همراه بود

Une classe opprimée sous l'emprise de la noblesse féodale

یک طبقه سرکوب شده تحت سلطه اشراف فئودالی

Une association armée et autonome dans la commune médiévale

یک انجمن مسلح و خودگردان در کمون قرون وسطی

ici, une république urbaine indépendante (comme en Italie et en Allemagne)

در اینجا،یک جمهوری شهری مستقل)مانند ایتالیا و المان(

là, un « tiers état » imposable de la monarchie (comme en France)

در انجا،املاک سوم "مشمول مالیات سلطنت)مانند فرانسه("

par la suite, dans la période de fabrication proprement dite

پس از ان،در دوره تولید مناسب

la bourgeoisie servait soit la monarchie semi-féodale, soit la monarchie absolue

بورژوازی یا به سلطنت نیمه فئودالی خدمت می کرد یا به سلطنت مطلقه
ou bien la bourgeoisie faisait contrepoids à la noblesse
یا بورژوازی به عنوان ضدیت با اشراف عمل میکرد
et, en fait, la bourgeoisie était une pierre angulaire des
grandes monarchies en général
و در واقع، بورژوازی سنگ گوشه ای از سلطنت های بزرگ به طور
کلی بود
mais l'industrie moderne et le marché mondial se sont
établis depuis lors
اما صنعت مدرن و بازار جهانی از ان زمان به بعد خود را تثبیت کرد.
et la bourgeoisie s'est emparée de l'emprise politique
exclusive
و بورژوازی برای خود سلطه سیاسی انحصاری را فتح کرده است
elle a obtenu cette influence politique à travers l'État
représentatif moderne
این نفوذ سیاسی را از طریق دولت نماینده مدرن به دست اورد
Les exécutifs de l'État moderne ne sont qu'un comité de
gestion
مدیران دولت مدرن فقط یک کمیته مدیریتی هستند
et ils gèrent les affaires communes de toute la bourgeoisie
و امور مشترک کل بورژوازی را اداره میکنند
La bourgeoisie, historiquement, a joué un rôle des plus
révolutionnaires
بورژوازی،از لحاظ تاریخی ،انقلابی ترین نقش را ایفا کرده است .
Partout où elle a pris le dessus, elle a mis fin à toutes les
relations féodales, patriarcales et idylliques
هر جا که دست بالا را می گرفت،به تمام روابط فئودالی ، پدرسالارانه
و روستایی پایان می داد.
Elle a impitoyablement déchiré les liens féodaux hétéroclites
qui liaient l'homme à ses « supérieurs naturels »
این بی رحمانه روابط فئودالی رنگارنگ را که انسان را به "مافوق
طبیعی "خود متصل می کند،پاره کرده است .
et il n'y a plus de lien entre l'homme et l'homme, si ce n'est
l'intérêt personnel
و هیچ ارتباطی بین انسان و انسان باقی نمانده است، به جز منافع
شخصی برهنه

Les relations de l'homme entre eux ne sont plus qu'un «
paiement en espèces » impitoyable

روابط انسان با یکدیگر چیزی بیش از "پرداخت نقدی "بی رحمانه نیست
Elle a noyé les extases les plus célestes de la ferveur
religieuse

این شور و شوق اسمانی ترین شور و شوق مذهبی را غرق کرده است
elle a noyé l'enthousiasme chevaleresque et le
sentimentalisme philistin

شور و شوق جوانمردانه و احساسات بیفرهنگی را غرق کرده است
Il a noyé ces choses dans l'eau glacée du calcul égoïste

این چیزها را در اب یخ زده محاسبات خودخواهانه غرق کرده است
Il a transformé la valeur personnelle en valeur échangeable

ارزش شخصی را به ارزش قابل مبادله تبدیل کرده است.
elle a remplacé les innombrables et inaliénables libertés
garanties par la Charte

این ازادیهای بی شمار و غیر قابل انکار را جایگزین کرده است
et il a mis en place une liberté unique et inadmissible ;
Libre-échange

و یک ازادی واحد و غیرمنطقی ایجاد کرده است.تجارت ازاد
En un mot, il l'a fait pour l'exploitation

در یک کلمه،این کار را برای بهره برداری انجام داده است
Une exploitation voilée par des illusions religieuses et
politiques

استثماری که با توهمات مذهبی و سیاسی پوشیده شده بود
l'exploitation voilée par une exploitation nue, éhontée,
directe, brutale

استثمار پوشیده از استثمار برهنه،بی شرمانه ،مستقیم و وحشیانه
la bourgeoisie a enlevé l'auréole de toutes les occupations
jusque-là honorées et vénérées

بورژوازی هاله را از هر اشغالی که قبلا مورد احترام و احترام قرار
گرفته است،برداشته است
le médecin, l'avocat, le prêtre, le poète et l'homme de science

پزشک،وکیل ،کشیش ،شاعر و مرد علم
Il a converti ces travailleurs distingués en ses travailleurs
salariés

این کارگران برجسته را به کارگران مزدبگیر خود تبدیل کرده است

La bourgeoisie a déchiré le voile sentimental de la famille

بورژوازی حجاب احساسی را از خانواده جدا کرده است

et elle a réduit la relation familiale à une simple relation
d'argent

و رابطه خانوادگی را به یک رابطه پولی صرف تقلیل داده است

la brutale démonstration de vigueur au Moyen Âge que les
réactionnaires admirent tant

نمایش وحشیانه قدرت در قرون وسطی که ارتجاعیان ان را بسیار
تحسین میکنند

Même cela a trouvé son complément approprié dans
l'indolence la plus paresseuse

حتی این کار هم در تنبلی و تنبلی کامل بود

La bourgeoisie a révélé comment tout cela s'est passé

بورژوازی فاش کرده است که چگونه همه اینها به وقوع می انجامد

La bourgeoisie a été la première à montrer ce que l'activité
de l'homme peut produire

بورژوازی نخستین کسی بود که نشان داد فعالیت انسان چه چیزی
میتواند به بار اورد۔

Il a accompli des merveilles surpassant de loin les
pyramides égyptiennes, les aqueducs romains et les
cathédrales gothiques

این شگفتی ها به مراتب فراتر از اهرام مصر، قنات های رومی و
کلیساهای گوتیک است۔

et il a mené des expéditions qui ont mis dans l'ombre tous
les anciens Exodes des nations et les croisades

و سفرهایی را انجام داده است که تمام خروجهای پیشین ملتها و
جنگهای صلیبی را در سایه قرار داده است

La bourgeoisie ne peut exister sans révolutionner sans cesse
les instruments de production

بورژوازی نمیتواند بدون انقلابی مداوم در ابزارهای تولید وجود داشته
باشد۔

et par conséquent elle ne peut exister sans ses rapports à la
production

و از این طریق نمیتواند بدون روابطش با تولید وجود داشته باشد۔

et donc elle ne peut exister sans ses relations avec la société

و از این رو نمیتواند بدون روابطش با جامعه وجود داشته باشد

Toutes les classes industrielles antérieures avaient une
condition en commun

تمام طبقات صنعتی پیشین یک شرط مشترک داشتند

Ils s'appuyaient sur la conservation des anciens modes de
production

انها متکی به حفظ شیوههای قدیمی تولید بودند

mais la bourgeoisie a apporté avec elle une dynamique tout
à fait nouvelle

اما بورژوازی با ان یک پویایی کاملا جدید به ارمغان اورد

Révolution constante de la production et perturbation
ininterrompue de toutes les conditions sociales

انقلاب مداوم تولید و اختلال بی وقفه در تمام شرایط اجتماعی

cette incertitude et cette agitation perpétuelles distinguent
l'époque bourgeoise de toutes les époques antérieures

این عدم قطعیت و تحریک یک ابدی، دوران بورژوازی را از همه
دورانهای پیشین متمایز میکند.

Les relations antérieures avec la production
s'accompagnaient de préjugés et d'opinions anciens et
vénérables

روابط قبلی با تولید با تعصبات و عقاید قدیمی و محترمی همراه بود

Mais toutes ces relations figées et figées sont balayées d'un
revers de main

اما تمام این روابط ثابت و سریع یخ زده از بین می رود

Toutes les relations nouvellement formées deviennent
archaïques avant de pouvoir s'ossifier

تمام روابط جدید قبل از اینکه بتوانند استخوانی شوند،قدیمی می شوند

Tout ce qui est solide se fond dans l'air, et tout ce qui est
saint est profané

هر چه جامد است در هوا ذوب می شود و هر چه مقدس است بی
حرمتی می شود.

L'homme est enfin forcé de faire face, avec des sens sobres, à
ses conditions réelles de vie

انسان در نهایت مجبور است با حواس هوشیار، شرایط واقعی زندگی
خود روبرو شود

et il est obligé de faire face à ses relations avec les siens

و مجبور است با همنوعان خود رو به رو شود

La bourgeoisie a constamment besoin d'élargir ses marchés pour ses produits

بورژوازی دائما باید بازارهای خود را برای محصولاتش گسترش دهد.

et, à cause de cela, la bourgeoisie est poursuivie sur toute la surface du globe

و به همین دلیل،بورژوازی در سراسر سطح جهان تعقیب می شود

La bourgeoisie doit se nicher partout, s'installer partout, établir des liens partout

بورژوازی باید در همه جا لانه کند،در همه جا مستقر شود ، در همه جا ارتباط برقرار کند.

La bourgeoisie doit créer des marchés dans tous les coins du monde pour exploiter

بورژوازی باید بازارهایی را در هر گوشه ای از جهان برای بهره برداری ایجاد کند.

La production et la consommation dans tous les pays ont reçu un caractère cosmopolite

تولید و مصرف در هر کشور یک شخصیت جهانی داده شده است

le chagrin des réactionnaires est palpable, mais il s'est poursuivi malgré tout

غم و اندوه ارتجاعی ها قابل لمس است، اما بدون در نظر گرفتن ان ادامه یافته است

La bourgeoisie a tiré de dessous les pieds de l'industrie le terrain national sur lequel elle se trouvait

بورژوازی از زیر پای صنعت،زمینه ملی را که در ان ایستاده بود ، به دست اورده است.

Toutes les anciennes industries nationales ont été détruites, ou sont détruites chaque jour

تمام صنایع ملی قدیمی نابود شده اند یا روزانه نابود می شوند

Toutes les anciennes industries nationales sont délogées par de nouvelles industries

تمام صنایع ملی قدیمی توسط صنایع جدید از بین می رود

Leur introduction devient une question de vie ou de mort pour toutes les nations civilisées

معرفی انها تبدیل به یک مسئله مرگ و زندگی برای همه ملت های متمدن می شود

Ils sont délogés par les industries qui ne travaillent plus la matière première indigène

انها توسط صنایعی که دیگر مواد خام بومی را کار نمی کنند، از بین می رود

Au lieu de cela, ces industries extraient des matières premières des zones les plus reculées

در عوض،این صنایع مواد خام را از دور افتاده ترین مناطق می کشند

dont les produits sont consommés, non seulement chez nous, mais dans tous les coins du monde

صنایعی که محصولات انها نه تنها در خانه بلکه در هر چهارم جهان مصرف می شود

À la place des anciens besoins, satisfaits par les productions du pays, nous trouvons de nouveaux besoins

به جای خواسته های قدیمی،که از تولیدات کشور راضی هستند ، خواسته های جدیدی پیدا می کنیم.

Ces nouveaux besoins exigent pour leur satisfaction les produits des pays et des climats lointains

این احتیاجات جدید برای ارضای انها به فراوردههای سرزمینهای دوردست و اقلیمها نیاز دارد

À la place de l'ancien isolement et de l'autosuffisance locaux et nationaux, nous avons le commerce

به جای انزوا و خودکفایی قدیمی محلی و ملی،ما تجارت داریم

les échanges internationaux dans toutes les directions ; l'interdépendance universelle des nations

تبادل بین المللی در هر جهت وابستگی جهانی ملتها

Et de même que nous sommes dépendants des matériaux, nous sommes dépendants de la production intellectuelle

و همانطور که ما به مواد وابسته هستیم،ما به تولید فکری وابسته هستیم

Les créations intellectuelles des nations individuelles deviennent la propriété commune

خلاقیت های فکری ملت ها به مالکیت مشترک تبدیل می شوند

L'unilatéralité nationale et l'étroitesse d'esprit deviennent de plus en plus impossibles

یک طرفه بودن و کوته فکری ملی بیشتر و بیشتر غیرممکن می شود

et des nombreuses littératures nationales et locales, surgit une littérature mondiale

و از ادبیات ملی و محلی متعدد،ادبیات جهانی بوجود می اید

par l'amélioration rapide de tous les instruments de
production

با بهبود سریع تمام ابزارهای تولید

par les moyens de communication immensément facilités

سوگند به ان که بسیار اسان است،

La bourgeoisie entraîne tout le monde (même les nations les
plus barbares) dans la civilisation

بورژوازی همه)حتی وحشی ترین ملت ها (را به تمدن می کشاند

Les prix bon marché de ses marchandises ; l'artillerie lourde
qui abat toutes les murailles chinoises

قیمت ارزان کالاهای ان توپخانه سنگین که تمام دیوارهای چینی را
ویران می کند

La haine obstinée des barbares contre les étrangers est forcée
de capituler

نفرت سرسختانه بربرها از خارجیها مجبور به تسلیم شدن است

Elle oblige toutes les nations, sous peine d'extinction, à
adopter le mode de production bourgeois

این همه ملت ها را مجبور می کند،در درد انقراض ، شیوه تولید
بورژوازی را اتخاذ کنند

elle les oblige à introduire ce qu'elle appelle la civilisation
en leur sein

انها را مجبور می کند تا انچه را که تمدن می نامد به میان خود معرفی
کنند

La bourgeoisie force les barbares à devenir eux-mêmes
bourgeois

بورژوازی بربرها را مجبور می کند تا خود بورژوازی شوند

en un mot, la bourgeoisie crée un monde à son image

در یک کلام،بورژوازی دنیایی را پس از تصویر خود ایجاد می کند

La bourgeoisie a soumis les campagnes à la domination des
villes

بورژوازی روستا را تابع حکومت شهرها کرده است

Il a créé d'énormes villes et considérablement augmenté la
population urbaine

شهرهای بزرگی ایجاد کرده و جمعیت شهری را به شدت افزایش داده
است.

Il a sauvé une partie considérable de la population de
l'idiotie de la vie rurale

بخش قابل توجهی از جمعیت را از حماقت زندگی روستایی نجات داد

mais elle a rendu les ruraux dépendants des villes

اما باعث شده است که کسانی که در حومه شهر هستند وابسته به شهرها
باشند

et de même, elle a rendu les pays barbares dépendants des
pays civilisés

و به همین ترتیب، کشورهای بربر را وابسته به کشورهای متمدن کرده
است

nations paysannes sur nations bourgeoises, l'Orient sur
Occident

ملت های دهقانان در کشورهای بورژوازی،شرق در غرب

La bourgeoisie se débarrasse de plus en plus de
l'éparpillement de la population

بورژوازی هر روز بیشتر و بیشتر وضعیت پراکنده مردم را از بین می
برد

Il a une production agglomérée et a concentré la propriété
entre quelques mains

تولید را افزایش داده و مالکیت را در چند دست متمرکز کرده است

La conséquence nécessaire de cela a été la centralisation
politique

نتیجه ضروری این امر تمرکز سیاسی بود.

Il y avait eu des nations indépendantes et des provinces
vaguement reliées entre elles

ملتهای مستقل و استانهای ببیند و بار دیگر به هم وصل بودند

Ils avaient des intérêts, des lois, des gouvernements et des
systèmes d'imposition distincts

انها منافع،قوانین ،دولت ها و سیستم های مالیاتی جداگانه ای داشتند

Mais ils ont été regroupés en une seule nation, avec un seul
gouvernement

اما انها با هم به یک ملت تبدیل شده اند،با یک دولت

Ils ont maintenant un intérêt de classe national, une
frontière et un tarif douanier

انها اکنون یک منافع طبقاتی ملی،یک مرز و یک تعرفه گمرکی دارند .

Et cet intérêt de classe national est unifié sous un seul code
de loi

و این منافع طبقاتی ملی تحت یک قانون متحد می شود

la bourgeoisie a accompli beaucoup de choses au cours de
son règne d'à peine cent ans

بورژوازی در طول حکومت صد ساله خود دستاوردهای زیادی کسب
کرده است

forces productives plus massives et plus colossales que
toutes les générations précédentes réunies

نیروهای تولیدی عظیم تر و عظیم تر از همه نسل های قبلی با هم

Les forces de la nature sont soumises à la volonté de
l'homme et de ses machines

نیروهای طبیعت مطیع اراده انسان و ماشین او هستند

La chimie s'applique à toutes les formes d'industrie et à tous
les types d'agriculture

شیمی به تمام اشکال صنعت و انواع کشاورزی اعمال می شود

la navigation à vapeur, les chemins de fer, les télégraphes
électriques et l'imprimerie

ناوبری بخار،راه اهن ،تلگراف الکتریکی و دستگاه چاپ

défrichement de continents entiers pour la culture,
canalisation des rivières

پاکسازی کل قاره ها برای کشت،کانالیزه کردن رودخانه ها

Des populations entières ont été extirpées du sol et mises au
travail

تمام جمعیت از زمین بیرون اورده شده و به کار گرفته شده است

Quel siècle précédent avait ne serait-ce qu'un pressentiment
de ce qui pourrait être déchaîné ?

چه قرنی پیش حتی تصوری از انچه که می توانست ازاد شود داشت؟

Qui aurait prédit que de telles forces productives
sommeillaient dans le giron du travail social ?

چه کسی پیشبینی کرده بود که چنین نیروهای تولیدی در دامان کار
اجتماعی خفتهاند؟

Nous voyons donc que les moyens de production et
d'échange ont été générés dans la société féodale

در این صورت میبینیم که وسائل تولید و مبادله در جامعه فئودالی تولید
شده است

les moyens de production sur la base desquels la bourgeoisie s'est construite

وسایل تولید که بورژوازی بر پایه ان بنا شده بود

À un certain stade du développement de ces moyens de production et d'échange

در مرحله معینی از توسعه این وسایل تولید و مبادله

les conditions dans lesquelles la société féodale produisait et échangeait

شرایطی که جامعه فئودالی تحت ان تولید و مبادله می کرد

L'organisation féodale de l'agriculture et de l'industrie manufacturière

سازمان فئودالی کشاورزی و صنعت تولید

Les rapports féodaux de propriété n'étaient plus compatibles avec les conditions matérielles

مناسبات فئودالی مالکیت دیگر با شرایط مادی سازگار نبود

Ils devaient être brisés, alors ils ont été brisés

انها باید از هم جدا میشدند،بنابراین از هم جدا میشدند ـ

À leur place s'est ajoutée la libre concurrence des forces productives

به جای انها رقابت ازاد از نیروهای مولد

et ils étaient accompagnés d'une constitution sociale et politique adaptée à celle-ci

و انها با یک قانون اساسی اجتماعی و سیاسی سازگار با ان همراه بودند

et elle s'accompagnait de l'emprise économique et politique de la classe bourgeoise

و با نفوذ اقتصادی و سیاسی طبقه بورژوازی همراه بود

Un mouvement similaire est en train de se produire sous nos yeux

یک حرکت مشابه در مقابل چشمان ما در حال انجام است

La société bourgeoise moderne avec ses rapports de production, d'échange et de propriété

جامعه بورژوازی مدرن با روابط تولید و مبادله و مالکیت

une société qui a inventé des moyens de production et d'échange aussi gigantesques

جامعهای که چنین ابزار عظیم تولید و مبادلهای را به وجود اورده است

C'est comme le sorcier qui a invoqué les puissances de l'au-
delà

مثل جادوگریه که قدرتهای دنیای رو احضار کرده

Mais il n'est plus capable de contrôler ce qu'il a mis au
monde

اما او دیگر قادر نیست انچه را که به جهان اورده است کنترل کند

Pendant de nombreuses décennies, l'histoire a été liée par
un fil conducteur

برای چندین دهه تاریخ گذشته توسط یک موضوع مشترک به هم گره
خورده بود

L'histoire de l'industrie et du commerce n'a été que l'histoire
des révoltes

تاریخ صنعت و تجارت چیزی جز تاریخ طغیان نبوده است

Les révoltes des forces productives modernes contre les
conditions modernes de production

شورش نیروهای تولیدی مدرن علیه شرایط مدرن تولید

Les révoltes des forces productives modernes contre les
rapports de propriété

شورش نیروهای مولد مدرن علیه روابط مالکیت

ces rapports de propriété sont les conditions de l'existence
de la bourgeoisie

این مناسبات مالکیت،شرایط وجود بورژوازی است ۔

et l'existence de la bourgeoisie détermine les règles des
rapports de propriété

و وجود بورژوازی قواعد روابط مالکیت را تعیین میکند۔

Il suffit de mentionner le retour périodique des crises
commerciales

کافی است به بازگشت دوره ای بحرانهای تجاری اشاره کنیم

chaque crise commerciale est plus menaçante pour la société
bourgeoise que la précédente

هر بحران تجاری برای جامعه بورژوازی بیشتر از بحران قبلی تهدید
کننده است۔

Dans ces crises, une grande partie des produits existants sont
détruits

در این بحران ها بخش بزرگی از محصولات موجود نابود می شوند۔

Mais ces crises détruisent aussi les forces productives créées
précédemment

اما این بحران ها همچنین نیروهای تولیدی که قبلا ایجاد شده اند را از
بین می برد.

Dans toutes les époques antérieures, ces épidémies auraient
semblé une absurdité

در تمام دورههای پیشین این بیماری همهگیر به نظر مضحک میامد

parce que ces épidémies sont les crises commerciales de la
surproduction

زیرا این اپیدمی ها بحران های تجاری تولید بیش از حد هستند

La société se trouve soudain remise dans un état de barbarie
momentanée

جامعه ناگهان خود را به حالت بربریت لحظه ای باز می گرداند

comme si une guerre universelle de dévastation avait coupé
tous les moyens de subsistance

گویی جنگ جهانی ویرانی تمام وسایل معاش را قطع کرده است

l'industrie et le commerce semblent avoir été détruits ; Et
pourquoi ?

به نظر می رسد صنعت و تجارت نابود شده است.و چرا؟

Parce qu'il y a trop de civilisation et de moyens de
subsistance

زیرا تمدن و وسایل معیشت بیش از حد وجود دارد

et parce qu'il y a trop d'industrie et trop de commerce

و از انجا که صنعت بیش از حد و تجارت بیش از حد وجود دارد

Les forces productives à la disposition de la société ne
développent plus la propriété bourgeoise

نیروهای مولد در اختیار جامعه دیگر مالکیت بورژوازی را توسعه نمی
دهند

au contraire, ils sont devenus trop puissants pour ces
conditions, par lesquelles ils sont enchaînés

برعکس،انها برای این شرایط بیش از حد قدرتمند شده اند ، که توسط
انها بسته شده است

dès qu'ils surmontent ces entraves, ils mettent le désordre
dans toute la société bourgeoise

به محض اینکه بر این زنجیرها غلبه کنند، بی نظمی را به کل جامعه
بورژوازی وارد می کنند.

et les forces productives mettent en danger l'existence de la propriété bourgeoise

و نیروهای مولد وجود مالکیت بورژوازی را به خطر میاندازند.

Les conditions de la société bourgeoise sont trop étroites pour englober les richesses qu'elles créent

شرایط جامعه بورژوازی محدودتر از ان است که ثروت ایجاد شده توسط انها را در بر بگیرد.

Et comment la bourgeoisie surmonte-t-elle ces crises ?

بورژوازی چگونه بر این بحرانها غلبه میکند؟

D'une part, elle surmonte ces crises par la destruction forcée d'une masse de forces productives

از یک طرف، با تخریب اجباری توده ای از نیروهای تولیدی بر این بحران ها غلبه می کند.

D'autre part, elle surmonte ces crises par la conquête de nouveaux marchés

از سوی دیگر،با فتح بازارهای جدید بر این بحران ها غلبه می کند .

et elle surmonte ces crises par l'exploitation plus poussée des anciennes forces productives

و با بهرهبرداری کاملتر از نیروهای کهن تولید بر این بحرانها فائق میشود

C'est-à-dire en ouvrant la voie à des crises plus étendues et plus destructrices

یعنی با هموار کردن راه برای بحرانهای گستردهتر و مخربتر .

elle surmonte la crise en diminuant les moyens de prévention des crises

این بحران را با کاهش وسایلی که به وسیله ان از بحران جلوگیری می شود،غلبه می کند

Les armes avec lesquelles la bourgeoisie a abattu le féodalisme sont maintenant retournées contre elle-même

سلاحهایی که بورژوازی با انها فئودالیسم را به زمین انداخت، اکنون علیه خود تبدیل شده است.

Mais non seulement la bourgeoisie a-t-elle forgé les armes qui lui apportent la mort

اما نه تنها بورژوازی سلاح هایی را که مرگ را برای خود به ارمغان می اورد،ساخته است .

Il a également appelé à l'existence les hommes qui doivent manier ces armes

همچنین مردانی را که باید از این سلاحها استفاده کنند به وجود اورده است

Et ces hommes sont la classe ouvrière moderne ; Ce sont les prolétaires

و این مردان طبقه کارگر مدرن هستند.انها پرولترها هستند

À mesure que la bourgeoisie se développe, le prolétariat se développe dans la même proportion

به نسبتی که بورژوازی توسعه می یابد، پرولتاریا به همان نسبت توسعه می یابد.

La classe ouvrière moderne a développé une classe d'ouvriers

طبقه کارگر مدرن طبقه کارگر را توسعه داد

Cette classe d'ouvriers ne vit que tant qu'elle trouve du travail

این طبقه از کارگران فقط تا زمانی که کار پیدا می کنند زندگی می کنند

et ils ne trouvent de travail qu'aussi longtemps que leur travail augmente le capital

و فقط تا زمانی کار پیدا میکنند که کارشان سرمایه را افزایش دهد

Ces ouvriers, qui doivent se vendre à la pièce, sont une marchandise

این کارگران،که باید خود را تکه تکه غذا بفروشند ،یک کالا هستند

Ces ouvriers sont comme tous les autres articles de commerce

این کارگران مانند هر نوع تجارت دیگری هستند

et, par conséquent, ils sont exposés à toutes les vicissitudes de la concurrence

و در نتیجه در معرض همه فراز و نشیبهای رقابت قرار میگیرند

Ils doivent faire face à toutes les fluctuations du marché

انها باید تمام نوسانات بازار را تحمل کنند

En raison de l'utilisation intensive des machines et de la division du travail

با توجه به استفاده گسترده از ماشین الات و تقسیم کار

Le travail des prolétaires a perdu tout caractère individuel

کار پرولترها تمام خصوصیات فردی خود را از دست داده است

et, par conséquent, le travail des prolétaires a perdu tout
charme pour l'ouvrier

و در نتیجه، کار پرولترها تمام جذابیت خود را برای کارگر از دست
داده است

Il devient un appendice de la machine, plutôt que l'homme
qu'il était autrefois

او به جای مردی که زمانی بود،ضمیمه ماشین می شود ۔

On n'exige de lui que l'habileté la plus simple, la plus
monotone et la plus facile à acquérir

فقط سادهترین،یکنواختترین و اسانتر به دست امده از او لازم است

Par conséquent, le coût de production d'un ouvrier est limité

از این رو،هزینه تولید یک کار محدود است

elle se limite presque entièrement aux moyens de
subsistance dont il a besoin pour son entretien

تقریبا به طور کامل به وسایل معیشتی که او برای نگهداری خود نیاز
دارد محدود شده است

et elle est limitée aux moyens de subsistance dont il a besoin
pour la propagation de sa race

و این امر به وسایل معیشتی که او برای تبلیغ نژاد خود نیاز دارد
محدود میشود

Mais le prix d'une marchandise, et par conséquent aussi du
travail, est égal à son coût de production

اما قیمت یک کالا و در نتیجه کار برابر با هزینه تولید ان است۔

C'est pourquoi, à mesure que le travail répugnant augmente,
le salaire diminue

بنابراین،به نسبت ،با افزایش نفرت انگیز بودن کار ، دستمزد کاهش می
یابد۔

Bien plus, le caractère répugnant de son travail augmente à
un rythme encore plus grand

نه،نفرت انگیز بودن کار او با سرعت بیشتری افزایش می یابد

À mesure que l'utilisation des machines et la division du
travail augmentent, le fardeau du labeur augmente
également

همانطور که استفاده از ماشین الات و تقسیم کار افزایش می یابد، بار
کار نیز افزایش می یابد

La charge de travail est augmentée par la prolongation du temps de travail

بار کار با طولانی شدن ساعات کار افزایش می یابد

On attend plus de l'ouvrier dans le même temps qu'auparavant

انتظار می رود که کارگر در همان زمان قبل

Et bien sûr, le poids du labeur est augmenté par la vitesse de la machine

و البته بار کار با سرعت ماشین الات افزایش می یابد

L'industrie moderne a transformé le petit atelier du maître patriarcal en la grande usine du capitaliste industriel

صنعت مدرن کارگاه کوچک استاد پدرسالار را به کارخانه بزرگ سرمایهدار صنعتی تبدیل کرده است.

Des masses d'ouvriers, entassés dans l'usine, s'organisent comme des soldats

توده های کارگری که در کارخانه جمع شده اند، مانند سربازان سازماندهی می شوند.

En tant que simples soldats de l'armée industrielle, ils sont placés sous le commandement d'une hiérarchie parfaite d'officiers et de sergents

انها به عنوان سربازان ارتش صنعتی تحت فرماندهی یک سلسله مراتب کامل از افسران و گروهبانان قرار می گیرند

ils ne sont pas seulement les esclaves de la classe bourgeoise et de l'État

انها نه تنها بردگان طبقه بورژوازی و دولت هستند

Mais ils sont aussi asservis quotidiennement et d'heure en heure par la machine

اما انها همچنین روزانه و ساعتی توسط دستگاه به بردگی گرفته می شوند

ils sont asservis par le surveillant, et surtout par le fabricant bourgeois lui-même

انها توسط بیش از حد نگاه کننده و بالاتر از همه توسط خود تولید کننده بورژوازی فردی برده می شوند.

Plus ce despotisme proclame ouvertement que le gain est sa fin et son but, plus il est mesquin, plus haïssable et plus aigri

هر چه این استبداد اشکارا اعلام کند که سود هدف و هدف ان است،
کوچک تر،نفرت انگیزتر و تلخ تر است .

Plus l'industrie moderne se développe, moins les différences
entre les sexes sont grandes

هر چه صنعت مدرن تر توسعه یابد،تفاوت بین جنس ها کمتر است .

Moins le travail manuel exige d'habileté et d'effort de force,
plus le travail des hommes est supplanté par celui des
femmes

هر چه مهارت و اعمال قدرت در کار دستی کمتر باشد، کار مردان
بیشتر از زنان جایگزین می شود.

Les différences d'âge et de sexe n'ont plus de validité sociale
distincte pour la classe ouvrière

تفاوت سن و جنس دیگر هیچ اعتبار اجتماعی مشخصی برای طبقه
کارگر ندارد.

Tous sont des instruments de travail, plus ou moins coûteux
à utiliser, selon leur âge et leur sexe

همه ابزار کار هستند،کم و بیش گران برای استفاده ، با توجه به سن و
جنس انها

dès que l'ouvrier reçoit son salaire en espèces, il est attaqué
par les autres parties de la bourgeoisie

به محض اینکه کارگر دستمزد خود را به صورت نقدی دریافت می
کند،توسط بخش های دیگر بورژوازی تعیین می شود

le propriétaire, le commerçant, le prêteur sur gages, etc

صاحبخانه،مغازه دار ،دلال رهنی و غیره

Les couches inférieures de la classe moyenne ; les petits
commerçants et les commerçants

اقشار پایین طبقه متوسط؛ تاجران کوچک و مغازه داران

les commerçants retraités en général, et les artisans et les
paysans

به طور کلی بازرگانان بازنشسته و صنایع دستی و دهقانان

tout cela s'enfonce peu à peu dans le prolétariat

همه اینها به تدریج در پرولتاریا فرو می رفتند

en partie parce que leur petit capital ne suffit pas à l'échelle
sur laquelle l'industrie moderne est exercée

تا حدودی به این دلیل که سرمایه کوچک انها برای مقیاسی که صنعت
مدرن در ان انجام می شود کافی نیست

et parce qu'elle est submergée par la concurrence avec les grands capitalistes

و چون در رقابت با سرمایهداران بزرگ غرق شده است

en partie parce que leur savoir-faire spécialisé est rendu sans valeur par les nouvelles méthodes de production

بخشی از ان به این دلیل است که مهارت تخصصی انها با روشهای جدید تولید بیارزش شده است.

Ainsi le prolétariat se recrute dans toutes les classes de la population

بدین ترتیب پرولتاریا از همه طبقات جمعیت استخدام می شود

Le prolétariat passe par différents stades de développement

پرولتاریا مراحل مختلف تکامل را طی میکند

Avec sa naissance commence sa lutte contre la bourgeoisie

با تولد ان مبارزه خود را با بورژوازی اغاز می کند

Dans un premier temps, la lutte est menée par des ouvriers individuels

در ابتدا مسابقه توسط کارگران فردی انجام می شود

Ensuite, le concours est mené par les ouvriers d'une usine

بعد از ان،کارگر کارخانهای مسابقه را ادامه خواهد داد

Ensuite, la lutte est menée par les agents d'un métier, dans une localité

سپس مسابقه توسط عاملان یک تجارت،در یک محل انجام می شود

et la lutte est alors contre la bourgeoisie individuelle qui les exploite directement

و سپس مبارزه علیه بورژوازی فردی است که مستقیما انها را استثمار می کند

Ils ne dirigent pas leurs attaques contre les conditions de production de la bourgeoisie

انها حملات خود را نه علیه شرایط تولید بورژوازی هدایت میکنند.

mais ils dirigent leur attaque contre les instruments de production eux-mêmes

بلکه خودشان به ابزار تولید حمله میکنند

Ils détruisent les marchandises importées qui font concurrence à leur main-d'œuvre

انها کالاهای وارداتی را که با کار انها رقابت می کنند،نابود می کند

Ils brisent les machines et mettent le feu aux usines

انها ماشین الات را خرد می کنند و کارخانه ها را به اتش می کشد

ils cherchent à restaurer par la force le statut disparu de l'ouvrier du Moyen Âge

انها به دنبال بازگرداندن وضعیت از دست رفتهی کارگری قرون وسطی هستند

À ce stade, les ouvriers forment encore une masse incohérente dispersée dans tout le pays

در این مرحله کارگران هنوز یک توده نامنسجم را تشکیل می دهند که در سراسر کشور پراکنده است

et ils sont brisés par leur concurrence mutuelle

و انها با رقابت متقابلشان از هم می پاشند

S'ils s'unissent quelque part pour former des corps plus compacts, ce n'est pas encore la conséquence de leur propre union active

اگر انها در هر جایی متحد شوند تا بدن های جمع و جور بیشتری را تشکیل دهند،این هنوز نتیجه اتحاد فعال خود انها نیست ـ

mais c'est une conséquence de l'union de la bourgeoisie, d'atteindre ses propres fins politiques

اما این نتیجه اتحاد بورژوازی است که به اهداف سیاسی خود دست یابد

la bourgeoisie est obligée de mettre en mouvement tout le prolétariat

بورژوازی مجبور است کل پرولتاریا را به حرکت دراورد

et d'ailleurs, pour un temps, la bourgeoisie est capable de le faire

و علاوه بر این،برای مدتی ،بورژوازی قادر به انجام این کار است

À ce stade, les prolétaires ne combattent donc pas leurs ennemis

بنابراین،در این مرحله ،پرولتاریا با دشمنان خود نمیجنگد ـ

mais au lieu de cela, ils combattent les ennemis de leurs ennemis

اما در عوض انها در حال مبارزه با دشمنان دشمنان خود هستند

La lutte contre les vestiges de la monarchie absolue et les propriétaires terriens

مبارزه با بقایای سلطنت مطلقه و زمینداران

ils combattent la bourgeoisie non industrielle ; la petite bourgeoisie

انها با بورژوازی غیر صنعتی میجنگند-خرده بورژوازی

Ainsi tout le mouvement historique est concentré entre les mains de la bourgeoisie

بدین ترتیب تمام جنبش تاریخی در دست بورژوازی متمرکز شده است.

chaque victoire ainsi obtenue est une victoire pour la bourgeoisie

هر پیروزی که به دست امده،پیروزی بورژوازی است ـ

Mais avec le développement de l'industrie, le prolétariat ne se contente pas d'augmenter en nombre

اما با توسعه صنعت،پرولتاریا نه تنها تعداد انها را افزایش میدهد ـ

le prolétariat se concentre en masses plus grandes et sa force s'accroît

پرولتاریا در توده های بزرگتر متمرکز می شود و قدرت ان رشد می کند

et le prolétariat ressent de plus en plus cette force

و پرولتاریا این قدرت را بیشتر و بیشتر احساس می کند

Les divers intérêts et conditions de vie dans les rangs du prolétariat sont de plus en plus égalisés

منافع و شرایط مختلف زندگی در صفوف پرولتاریا بیشتر و بیشتر برابر است.

elles deviennent plus proportionnelles à mesure que les machines effacent toutes les distinctions de travail

انها به همان اندازه که ماشین تمام تمایزات کار را از بین می برد، متناسب تر می شوند

et les machines réduisent presque partout les salaires au même bas niveau

و ماشین الات تقریبا در همه جا دستمزدها را به همان سطح پایین کاهش می دهد

La concurrence croissante entre la bourgeoisie et les crises commerciales qui en résultent rendent les salaires des ouvriers de plus en plus fluctuants

رقابت فزاینده میان بورژوازی و بحرانهای تجاری ناشی از ان، دستمزد کارگران را بیش از پیش در نوسان قرار داده است.

L'amélioration incessante des machines, qui se développe de plus en plus rapidement, rend leurs moyens d'existence de plus en plus précaires

بهبود بی وقفه ماشین آلات،که با سرعت بیشتری در حال توسعه است ، معیشت انها را بیشتر و بیشتر متزلزل می کند.

les collisions entre les ouvriers individuels et la bourgeoisie individuelle prennent de plus en plus le caractère de collisions entre deux classes

تصاوت میان کارگران منفرد و بورژوازی هر روز بیشتر و بیشتر خصلت تصاممی بین دو طبقه را به خود می گیرد

Là-dessus, les ouvriers commencent à former des associations (syndicats) contre la bourgeoisie

از این رو کارگران شروع به شکل دادن به ترکیب)اتحادیههای کارگری (علیه بورژوازی میکنند.

Ils s'associent pour maintenir le taux des salaires

انها با هم باشگاه می کنند تا نرخ دستمزد را حفظ کنند

Ils fondèrent des associations permanentes afin de pourvoir à l'avance à ces révoltes occasionnelles

انها انجمنهای دائمی تشکیل دادند تا از قبل برای این شورشهای گاه به گاه اماده شوند

Ici et là, la lutte éclate en émeutes

اینجا و انجا مسابقه به شورش تبدیل می شود

De temps en temps, les ouvriers sont victorieux, mais seulement pour un temps

اکنون و پس از ان کارگران پیروز می شوند،اما فقط برای مدتی

Le vrai fruit de leurs luttes n'est pas dans le résultat immédiat, mais dans l'union toujours plus grande des travailleurs

ثمره واقعی نبردهای انها نه در نتیجه فوری، بلکه در اتحادیه در حال گسترش کارگران نهفته است.

Cette union est favorisée par les moyens de communication améliorés créés par l'industrie moderne

این اتحادیه با استفاده از وسایل ارتباطی بهبود یافته که توسط صنعت مدرن ایجاد می شود،کمک می کند ـ

La communication moderne met en contact les travailleurs de différentes localités les uns avec les autres

ارتباطات مدرن کارگران مناطق مختلف را در تماس با یکدیگر قرار می دهد

C'était précisément ce contact qui était nécessaire pour centraliser les nombreuses luttes locales en une lutte nationale entre les classes

فقط همین تماس بود که برای متمرکز کردن مبارزات متعدد محلی در یک مبارزه ملی بین طبقات لازم بود.

Toutes ces luttes sont du même caractère, et toute lutte de classe est une lutte politique

همه این مبارزات ماهیت یکسانی دارند و هر مبارزه طبقاتی یک مبارزه سیاسی است.

les bourgeois du moyen âge, avec leurs misérables routes, mettaient des siècles à former leurs syndicats

مردم قرون وسطی،با بزرگراههای بدبختانه خود ، قرنها طول کشید تا اتحادیههای خود را تشکیل دهند.

Les prolétaires modernes, grâce aux chemins de fer, réalisent leurs syndicats en quelques années

پرولتاریای مدرن،به لطف راه اهن ، اتحادیه های خود را در عرض چند سال به دست می اورند

Cette organisation des prolétaires en classe les a donc formés en parti politique

این سازمان پرولترها به صورت یک طبقه در نتیجه انها را به یک حزب سیاسی تبدیل کرد.

La classe politique est continuellement bouleversée par la concurrence entre les travailleurs eux-mêmes

طبقه سیاسی پیوسته از رقابت بین خود کارگران ناراحت است

Mais la classe politique continue de se soulever, plus forte, plus ferme, plus puissante

اما طبقه سیاسی همچنان دوباره قیام می کند،قوی تر ،محکم تر ، قوی تر.

Elle oblige la législation à reconnaître les intérêts particuliers des travailleurs

این امر به رسمیت شناختن قانونی منافع خاص کارگران را مجبور می کند

il le fait en profitant des divisions au sein de la bourgeoisie elle-même

این کار را با بهره گیری از تقسیمات بین خود بورژوازی انجام می دهد

C'est ainsi qu'en Angleterre fut promulguée la loi sur les dix
heures

بدین ترتیب لایحه ده ساعت در انگلستان به قانون تبدیل شد

à bien des égards, les collisions entre les classes de
l'ancienne société sont en outre le cours du développement
du prolétariat

از بسیاری جهات تصاوت طبقات جامعه کهن بیشتر مسیر تکامل
پرولتاریا است.

La bourgeoisie se trouve engagée dans une bataille de tous
les instants

بورژوازی خود را درگیر نبردی دائمی میبیند

Dans un premier temps, il se trouvera impliqué dans une
bataille constante avec l'aristocratie

در ابتدا خود را درگیر یک نبرد مداوم با اشراف خواهد یافت

plus tard, elle se trouvera engagée dans une lutte constante
avec ces parties de la bourgeoisie elle-même

بعدا خود را درگیر نبرد دائمی با ان بخشهای بورژوازی خواهد یافت

et leurs intérêts seront devenus antagonistes au progrès de
l'industrie

و منافع انها در تضاد با پیشرفت صنعت خواهد بود

à tout moment, leurs intérêts seront devenus antagonistes
avec la bourgeoisie des pays étrangers

در همه زمانها، منافع انها با بورژوازی کشورهای خارجی در تضاد
خواهد بود.

Dans toutes ces batailles, elle se voit obligée de faire appel
au prolétariat et lui demande son aide

در تمام این نبردها خود را مجبور به درخواست از پرولتاریا میبیند و
از او کمک میخواهد.

Et ainsi, il se sentira obligé de l'entraîner dans l'arène
politique

و بنابراین، احساس خواهد کرد که مجبور خواهد شد ان را به عرصه
سیاسی بکشاند

C'est pourquoi la bourgeoisie elle-même fournit au
prolétariat ses propres instruments d'éducation politique et
générale

بنابراین، خود بورژوازی ابزار اموزش سیاسی و عمومی خود را برای پرولتاریا فراهم می کند.

c'est-à-dire qu'il fournit au prolétariat des armes pour combattre la bourgeoisie

به عبارت دیگر، پرولتاریا را با سلاح برای مبارزه با بورژوازی فراهم می کند

De plus, comme nous l'avons déjà vu, des sections entières des classes dominantes sont précipitées dans le prolétariat

علاوه بر این،همانطور که قبلا دیدیم ، کل بخش های طبقات حاکم در پرولتاریا شتاب می گیرند.

le progrès de l'industrie les aspire dans le prolétariat

پیشرفت صنعت انها را به پرولتاریا می مکد

ou, du moins, ils sont menacés dans leurs conditions d'existence

یا حداقل،انها در شرایط وجود خود تهدید می شوند

Ceux-ci fournissent également au prolétariat de nouveaux éléments d'illumination et de progrès

اینها همچنین عناصر تازه روشنگری و پیشرفت را برای پرولتاریا تامین می کنند.

Enfin, à l'approche de l'heure décisive de la lutte des classes

سرانجام، در زمانی که مبارزه طبقاتی به ساعت تعیین کننده نزدیک می شود

le processus de dissolution en cours au sein de la classe dirigeante

روند انحلال که در درون طبقه حاکم در جریان است

En fait, la dissolution en cours au sein de la classe dirigeante se fera sentir dans toute la société

در واقع،انحلال در طبقه حاکمه در کل جامعه احساس خواهد شد .

Il prendra un caractère si violent et si flagrant qu'une petite partie de la classe dirigeante se laissera aller à la dérive

چنان شخصیت خشن و اشکاری خواهد داشت که بخش کوچکی از طبقه حاکمه خود را سرگردان میکند

et que la classe dirigeante rejoindra la classe révolutionnaire

و طبقه حاکم به طبقه انقلابی ملحق خواهد شد

La classe révolutionnaire étant la classe qui tient l'avenir entre ses mains

طبقه انقلابی همان طبقه ای است که اینده را در دستان خود دارد

Comme à une époque antérieure, une partie de la noblesse passa dans la bourgeoisie

درست مانند دوره گذشته،بخشی از اشراف به بورژوازی واگذار شد ۔

de la même manière qu'une partie de la bourgeoisie passera au prolétariat

همانطور که بخشی از بورژوازی به پرولتاریا خواهد رسید

en particulier, une partie de la bourgeoisie passera à une partie des idéologues de la bourgeoisie

به ویژه، بخشی از بورژوازی به بخشی از ایدئولوگهای بورژوازی خواهد رسید۔

Des idéologues bourgeois qui se sont élevés au niveau de la compréhension théorique du mouvement historique dans son ensemble

ایدئولوژیستهای بورژوازی که خود را تا سطح درک تئوریک جنبش تاریخی به عنوان یک کل بالا بردهاند

De toutes les classes qui se trouvent aujourd'hui en face de la bourgeoisie, seule le prolétariat est une classe vraiment révolutionnaire

از میان تمام طبقاتی که امروز با بورژوازی رو در رو هستند، پرولتاریا به تنهایی یک طبقه واقعا انقلابی است۔

Les autres classes se dégradent et finissent par disparaître devant l'industrie moderne

طبقات دیگر از بین می روند و در نهایت در مواجهه با صنعت مدرن ناپدید می شوند

le prolétariat est son produit spécial et essentiel

پرولتاریا محصول ویژه و اساسی ان است

La petite bourgeoisie, le petit industriel, le commerçant, l'artisan, le paysan

طبقه متوسط پایین،تولید کننده کوچک ،مغازه دار ،صنعتگر ،دهقان

toutes ces luttes contre la bourgeoisie

تمام این نبردها علیه بورژوازی

Ils se battent en tant que fractions de la classe moyenne pour se sauver de l'extinction

انها به عنوان بخشی از طبقه متوسط مبارزه می کنند تا خود را از انقراض نجات دهند

Ils ne sont donc pas révolutionnaires, mais conservateurs

بنابراین انها انقلابی نیستند،بلکه محافظه کار هستند ـ

Bien plus, ils sont réactionnaires, car ils essaient de faire reculer la roue de l'histoire

نه بیشتر،انها ارتجاعی هستند ، زیرا انها سعی می کنند چرخ تاریخ را به عقب برگردانند

Si par hasard ils sont révolutionnaires, ils ne le sont qu'en vue de leur transfert imminent dans le prolétariat

اگر اتفاقا انقلابی باشند، فقط به خاطر انتقال قریب الوقوع خود به پرولتاریا هستند ـ

Ils défendent ainsi non pas leurs intérêts présents, mais leurs intérêts futurs

بنابراین انها از حال حاضر خود دفاع نمی کنند، بلکه از منافع اینده خود دفاع می کنند ـ

ils désertent leur propre point de vue pour se placer à celui du prolétariat

انها موضع خود را رها میکنند تا خود را در جایگاه پرولتاریا قرار دهند

La « classe dangereuse », la racaille sociale, cette masse en décomposition passive rejetée par les couches les plus basses de la vieille société

"طبقه خطرناک"،تفاله اجتماعی ، که توده منفعلانه پوسیده ای که توسط پایین ترین لایه های جامعه قدیمی پرتاب می شود

Ils peuvent, ici et là, être entraînés dans le mouvement par une révolution prolétarienne

انها ممکن است،اینجا و انجا ، توسط یک انقلاب پرولتری به جنبش کشیده شوند

Ses conditions de vie, cependant, le préparent beaucoup plus au rôle d'instrument soudoyé de l'intrigue réactionnaire

با این حال،شرایط زندگی ان ، ان را بسیار بیشتر برای بخشی از یک ابزار رشوه ای از فتنه ارتجاعی اماده می کند

Dans les conditions du prolétariat, ceux de l'ancienne société dans son ensemble sont déjà virtuellement submergés

در شرایط پرولتاریا، شرایط جامعه قدیمی به طور کلی در حال حاضر عملا غرق شده است

Le prolétaire est sans propriété

پرولتر بدون مالکیت است

ses rapports avec sa femme et ses enfants n'ont plus rien de
commun avec les relations familiales de la bourgeoisie

رابطه او با همسر و فرزندانش دیگر هیچ وجه اشتراکی با روابط
خانوادگی بورژوازی ندارد۔

le travail industriel moderne, la sujétion moderne au capital,
la même en Angleterre qu'en France, en Amérique comme
en Allemagne

کار صنعتی مدرن،انقیادی مدرن در برابر سرمایه ، همان در انگلستان
که در فرانسه،در امریکا و المان

Sa condition dans la société l'a dépouillé de toute trace de
caractère national

وضع او در در اجتماع، او را از هر نشانه ای از شخصیت ملی محروم
کرده است

La loi, la morale, la religion, sont pour lui autant de préjugés
bourgeois

قانون،اخلاق ،مذهب ،برای او بسیاری از تعصبات بورژوازی است

et derrière ces préjugés se cachent en embuscade autant
d'intérêts bourgeois

و در پس این پیشداوریها به همان اندازه منافع بورژوازی کمین کرده
است

Toutes les classes précédentes, qui ont pris le dessus, ont
cherché à fortifier leur statut déjà acquis

تمام طبقات قبلی که دست بالا را به دست اوردند، به دنبال تقویت
وضعیت خود بودند که قبلا به دست اورده بودند

Ils l'ont fait en soumettant la société dans son ensemble à
leurs conditions d'appropriation

انها این کار را با قرار دادن جامعه در شرایط تخصیص خود انجام دادند

Les prolétaires ne peuvent pas devenir maîtres des forces
productives de la société

پرولترها نمیتوانند ارباب نیروهای مولد جامعه شوند

elle ne peut le faire qu'en abolissant son propre mode
d'appropriation antérieur

این کار را فقط با لغو شیوه قبلی تخصیص بودجه خود میتواند انجام دهد

et par là même elle abolit tout autre mode d'appropriation
antérieur

و از این طریق هر نوع تخصیص قبلی را لغو می کند

Ils n'ont rien à eux pour s'assurer et se fortifier

انها هیچ چیز برای تامین امنیت و تقویت ندارند.

Leur mission est de détruire toutes les sûretés antérieures et les assurances de biens individuels

ماموریت انها از بین بردن تمام اوراق بهادار قبلی و بیمه اموال فردی است.

Tous les mouvements historiques antérieurs étaient des mouvements de minorités

تمام جنبشهای تاریخی پیشین جنبشهای اقلیتها بودند.

ou bien il s'agissait de mouvements dans l'intérêt des minorités

یا جنبشهایی بودند که به نفع اقلیتها بود

Le mouvement prolétarien est le mouvement conscient et indépendant de l'immense majorité

جنبش پرولتری جنبش خودآگاه و مستقل اکثریت عظیم است.

Et c'est un mouvement dans l'intérêt de l'immense majorité

و این حرکتی است که به نفع اکثریت عظیم است

Le prolétariat, couche la plus basse de notre société actuelle

پرولتاریا،پایین ترین طبقه جامعه فعلی ما

elle ne peut ni s'agiter ni s'élever sans que toutes les couches supérieures de la société officielle ne soient soulevées en l'air

نمیتواند به جنبش درآید یا خود را بالا ببرد، بدون اینکه تمام قشرهای بالای جامعه رسمی به هوا پرتاب شود

Loin d'être dans le fond, mais dans la forme, la lutte du prolétariat contre la bourgeoisie est d'abord une lutte nationale

گرچه مبارزه پرولتاریا با بورژوازی نه در اصل،بلکه در شکل ، در ابتدا یک مبارزه ملی است.

Le prolétariat de chaque pays doit, bien entendu, régler d'abord ses affaires avec sa propre bourgeoisie

پرولتاریای هر کشور،البته ، باید اول از همه مسائل را با بورژوازی خود حل و فصل کند.

En décrivant les phases les plus générales du développement du prolétariat, nous avons retracé la guerre civile plus ou moins voilée

در به تصویر کشیدن عمومی ترین مراحل توسعه پرولتاریا، ما جنگ داخلی کم و بیش پنهان را ردیابی کردیم.

Ce civil fait rage au sein de la société existante

این مدنی در جامعه موجود خشمگین است

Elle fera rage jusqu'au point où cette guerre éclatera en révolution ouverte

تا جایی که این جنگ به انقلاب اشکار تبدیل شود،خشمگین خواهد شد ۔

et alors le renversement violent de la bourgeoisie jette les bases de l'emprise du prolétariat

و سپس سرنگونی خشونت امیز بورژوازی پایه و اساس نفوذ پرولتاریا را می گذارد

Jusqu'à présent, toute forme de société a été fondée, comme nous l'avons déjà vu, sur l'antagonisme des classes oppressives et opprimées

تا کنون،هر شکلی از جامعه ،همانطور که قبلا دیده ایم ، بر اساس تضاد طبقات سرکوبگر و سرکوب شده است.

Mais pour opprimer une classe, il faut lui assurer certaines conditions

اما برای سرکوب یک طبقه،باید شرایط خاصی برای ان تضمین شود ۔

La classe doit être maintenue dans des conditions dans lesquelles elle peut, au moins, continuer son existence servile

طبقه باید در شرایطی حفظ شود که حداقل بتواند به وجود بردهوار خود ادامه دهد.

Le serf, à l'époque du servage, s'élevait lui-même au rang d'adhérent à la commune

رعیت،در دوره رعیتی ،خود را به عضویت در کمون بزرگ کرد

de même que la petite bourgeoisie, sous le joug de l'absolutisme féodal, a réussi à se développer en bourgeoisie

درست همانطور که خرده بورژوازی،تحت یوغ استبداد فئودالی ، موفق شد به یک بورژوازی تبدیل شود.

L'ouvrier moderne, au contraire, au lieu de s'élever avec les progrès de l'industrie, s'enfonce de plus en plus profondément

بر عکس،کارگر مدرن ،به جای اینکه با پیشرفت صنعت رشد کند ، عمیق تر و عمیق تر غرق می شود.

il s'enfonce au-dessous des conditions d'existence de sa propre classe

او در زیر شرایط زندگی طبقه خود فرو می فرستد

Il devient pauvre, et le paupérisme se développe plus rapidement que la population et la richesse

او به یک گدا تبدیل می شود و فقر سریعتر از جمعیت و ثروت توسعه می یابد.

Et c'est là qu'il devient évident que la bourgeoisie n'est plus apte à être la classe dominante dans la société

و در اینجا اشکار می شود که بورژوازی دیگر برای طبقه حاکم در جامعه نامناسب است.

et elle n'est pas digne d'imposer ses conditions d'existence à la société comme une loi prépondérante

و برای تحمیل شرایط زندگی خود به جامعه به عنوان یک قانون بیش از حد سواری نامناسب است

Il est inapte à gouverner parce qu'il est incompétent pour assurer une existence à son esclave dans son esclavage

این برای حکومت کردن مناسب نیست، زیرا برای تضمین وجود برده خود در بردگی خود ناتوان است.

parce qu'il ne peut s'empêcher de le laisser sombrer dans un tel état, qu'il doit le nourrir, au lieu d'être nourri par lui

زیرا نمیتواند به او اجازه دهد در چنان وضعیتی فرو رود که به جای اینکه توسط او تغذیه شود،باید به او غذا دهد .

La société ne peut plus vivre sous cette bourgeoisie

جامعه دیگر نمیتواند تحت این بورژوازی زندگی کند.

En d'autres termes, son existence n'est plus compatible avec la société

به عبارت دیگر،وجود ان دیگر با جامعه سازگار نیست .

La condition essentielle de l'existence et de l'influence de la classe bourgeoise est la formation et l'accroissement du capital

شرط اساسی برای وجود و سلطه طبقه بورژوازی، تشکیل و تقویت سرمایه است.

La condition du capital, c'est le salariat-travail

شرط سرمایه کار مزدی است

Le travail salarié repose exclusivement sur la concurrence entre les travailleurs

کار مزدی منحصرا بر رقابت بین کارگران استوار است.

Le progrès de l'industrie, dont le promoteur involontaire est la bourgeoisie, remplace l'isolement des ouvriers

پیشرفت صنعت،که حامی غیر ارادی ان بورژوازی است ، جایگزین انزوای کارگران می شود.

en raison de la concurrence, en raison de leur combinaison révolutionnaire, en raison de l'association

به دلیل رقابت،به دلیل ترکیب انقلابی انها ،به دلیل انجمن

Le développement de l'industrie moderne lui coupe sous les pieds les fondements mêmes sur lesquels la bourgeoisie produit et s'approprie les produits

توسعه صنعت مدرن از زیر پای خود همان بنیادی را که بورژوازی بر اساس ان محصولات را تولید و به دست می اورد،قطع می کند.

Ce que la bourgeoisie produit avant tout, ce sont ses propres fossoyeurs

انچه بورژوازی تولید می کند،بالاتر از همه ،گورکن های خود است .

La chute de la bourgeoisie et la victoire du prolétariat sont également inévitables

سقوط بورژوازی و پیروزی پرولتاریا به همان اندازه اجتناب ناپذیر است.

Prolétaires et communistes
پرولترها و کمونیستها

Quel est le rapport des communistes vis-à-vis de l'ensemble des prolétaires ?

کمونیستها در چه رابطهای با پرولتاریا به عنوان یک کل ایستادهاند؟

Les communistes ne forment pas un parti séparé opposé aux autres partis de la classe ouvrière

کمونیست ها حزب جداگانه ای را در مخالفت با سایر احزاب طبقه کارگر تشکیل نمی دهند۔

Ils n'ont pas d'intérêts séparés de ceux du prolétariat dans son ensemble

انها هیچ منافعی جدا و جدا از منافع پرولتاریا به عنوان یک کل ندارند۔

Ils n'établissent pas de principes sectaires qui leur soient propres pour façonner et modeler le mouvement prolétarien

انها هیچ اصول فرقه ای خود را برای شکل دادن و شکل دادن به جنبش پرولتری ایجاد نمی کنند۔

Les communistes ne se distinguent des autres partis ouvriers que par deux choses

کمونیستها تنها از دو چیز از دیگر احزاب طبقه کارگر متمایز هستند۔

Premièrement, ils signalent et mettent en avant les intérêts communs de l'ensemble du prolétariat, indépendamment de toute nationalité

اولا،انها به منافع مشترک کل پرولتاریا ، مستقل از تمام ملیت ها اشاره می کنند و به جبهه می اورند۔

C'est ce qu'ils font dans les luttes nationales des prolétaires des différents pays

این کار را در مبارزات ملی پرولترهای کشورهای مختلف انجام میدهند

Deuxièmement, ils représentent toujours et partout les intérêts du mouvement dans son ensemble

ثانیا، انها همیشه و همه جا منافع جنبش را به عنوان یک کل نمایندگی می کنند۔

c'est ce qu'ils font dans les différents stades de développement par lesquels doit passer la lutte de la classe ouvrière contre la bourgeoisie

این کار را در مراحل مختلف توسعه انجام می دهند، که مبارزه طبقه کارگر علیه بورژوازی باید از ان عبور کند..

Les communistes sont donc, d'une part, pratiquement, la section la plus avancée et la plus résolue des partis ouvriers de tous les pays

بنابراین کمونیستها از یک طرف عملا پیشرفتهترین و مصممترین بخش احزاب طبقه کارگر هر کشوری هستند.

Ils sont cette section de la classe ouvrière qui pousse en avant toutes les autres

انها ان بخش از طبقه کارگر هستند که دیگران را به جلو میرانند

Théoriquement, ils ont aussi l'avantage de bien comprendre la ligne de marche

از لحاظ تئوری، انها همچنین این مزیت را دارند که به وضوح خط راهپیمایی را درک کنند.

C'est ce qu'ils comprennent mieux par rapport à la grande masse du prolétariat

این را بهتر درمقایسین توده عظیم پرولتاریا میدانند

Ils comprennent les conditions et les résultats généraux ultimes du mouvement prolétarien

انها شرایط و نتایج عمومی نهایی جنبش پرولتری را درک میکنند

Le but immédiat du Parti communiste est le même que celui de tous les autres partis prolétariens

هدف انی کمونیستها همان هدف تمام احزاب پرولتری دیگر است.

Leur but est la formation du prolétariat en classe

هدف انها تشکیل پرولتاریا به یک طبقه است

ils visent à renverser la suprématie de la bourgeoisie

هدفشان براندازی برتری بورژوازی است

la conquête du pouvoir politique par le prolétariat

تلاش برای تسخیر قدرت سیاسی توسط پرولتاریا

Les conclusions théoriques des communistes ne sont nullement basées sur des idées ou des principes de réformateurs

نتیجه گیری های تئوریک کمونیست ها به هیچ وجه بر اساس ایده ها یا اصول اصلاح طلبان نیست.

ce ne sont pas des prétendus réformateurs universels qui ont inventé ou découvert les conclusions théoriques des communistes

این اصلاح طلبان جهانی نبودند که نتیجه گیری های تئوریک کمونیست ها را اختراع یا کشف کردند.

Ils ne font qu'exprimer, en termes généraux, des rapports réels qui naissent d'une lutte de classe existante

انها صرفا،به طور کلی ، روابط واقعی ناشی از یک مبارزه طبقاتی موجود را بیان می کنند.

Et ils décrivent le mouvement historique qui se déroule sous nos yeux et qui a créé cette lutte des classes

و انها جنبش تاریخی را که در زیر چشم ما جریان دارد توصیف می کنند که این مبارزه طبقاتی را ایجاد کرده است

L'abolition des rapports de propriété existants n'est pas du tout un trait distinctif du communisme

الغای روابط مالکیت موجود به هیچ وجه ویژگی متمایز کمونیسم نیست.

Dans le passé, toutes les relations de propriété ont été continuellement sujettes à des changements historiques

تمام روابط مالکیت در گذشته به طور مداوم در معرض تغییرات تاریخی بوده است.

et ces changements ont été consécutifs au changement des conditions historiques

و این تغییرات نتیجه تغییر در شرایط تاریخی بود

La Révolution française, par exemple, a aboli la propriété féodale au profit de la propriété bourgeoise

به عنوان مثال، انقلاب فرانسه مالکیت فئودالی را به نفع مالکیت بورژوازی لغو کرد.

Le trait distinctif du communisme n'est pas l'abolition de la propriété, en général

ویژگی متمایز کمونیسم لغو مالکیت نیست،به طور کلی

mais le trait distinctif du communisme, c'est l'abolition de la propriété bourgeoise

اما ویژگی متمایز کمونیسم الغای مالکیت بورژوازی است

Mais la propriété privée de la bourgeoisie moderne est l'expression ultime et la plus complète du système de production et d'appropriation des produits

اما بورژوازی مدرن مالکیت خصوصی اخرین و کاملترین بیان نظام تولید و تصاحب محصولات است.

C'est l'état final d'un système basé sur les antagonismes de classe, où l'antagonisme de classe est l'exploitation du plus grand nombre par quelques-uns

این اخرین وضعیت سیستمی است که بر اساس تضادهای طبقاتی است، جایی که تضاد طبقاتی استثمار بسیاری توسط چند نفر است.

En ce sens, la théorie des communistes peut se résumer en une seule phrase ; l'abolition de la propriété privée

به این معنا،نظریه کمونیست ها را می توان در یک جمله خلاصه کرد . الغای مالکیت خصوصی

On nous a reproché, à nous communistes, de vouloir abolir le droit d'acquérir personnellement des biens

ما کمونیستها را به خاطر میل به لغو حق تملک شخصی متهم کردهایم

On prétend que cette propriété est le fruit du travail de l'homme

ادعا شده است که این دارایی ثمره کار خود انسان است

et cette propriété est censée être le fondement de toute liberté, de toute activité et de toute indépendance individuelles.

و ادعا می شود که این ملک زمینه تمام ازادی های شخصی، فعالیت و استقلال است.

« Propriété durement gagnée, auto-acquise, auto-gagnée ! »

به سختی به دست اورد"،خود به دست اورد ،"اموال خود به دست اورده

Voulez-vous dire la propriété du petit artisan et du petit paysan ?

منظورت دارایی صنعتگر کوچک و دهقان کوچک است؟

Voulez-vous parler d'une forme de propriété qui a précédé la forme bourgeoise ?

منظورتان شکلی از مالکیت است که پیش از شکل بورژوازی بود؟

Il n'est pas nécessaire de l'abolir, le développement de l'industrie l'a déjà détruit dans une large mesure

نیازی به لغو ان نیست، توسعه صنعت تا حد زیادی ان را نابود کرده است.

et le développement de l'industrie continue de la détruire chaque jour

و توسعه صنعت هنوز هم روزانه ان را نابود می کند

Ou voulez-vous parler de la propriété privée de la bourgeoisie moderne ?

یا منظورتان مالکیت خصوصی بورژوازی مدرن است؟

Mais le travail salarié crée-t-il une propriété pour l'ouvrier ?

اما ایا کار مزدی برای کارگر مالکیت ایجاد می کند؟

Non, le travail salarié ne crée pas une parcelle de ce genre de propriété !

نه،کار مزدی یک ذره از این نوع مالکیت را ایجاد نمی کند

Ce que le travail salarié crée, c'est du capital ; ce genre de propriété qui exploite le travail salarié

انچه کار مزدی ایجاد میکند سرمایه است؛ ان نوع اموالی که از کار مزدی بهره می گیرد

Le capital ne peut s'accroître qu'à la condition d'engendrer une nouvelle offre de travail salarié pour une nouvelle exploitation

سرمایه نمی تواند افزایش یابد مگر به شرط ایجاد یک عرضه جدید کار مزدی برای استثمار تازه۔

La propriété, dans sa forme actuelle, est fondée sur l'antagonisme du capital et du salariat

مالکیت،در شکل فعلی خود ،بر اساس تضاد سرمایه و کار مزدی است ۔

Examinons les deux côtés de cet antagonisme

بیایید هر دو طرف این خصومت را بررسی کنیم

Être capitaliste, ce n'est pas seulement avoir un statut purement personnel

سرمایهدار بودن به این صورت نیست که فقط یک موقعیت صرفا شخصی داشته باشیم۔

Au contraire, être capitaliste, c'est aussi avoir un statut social dans la production

در عوض،سرمایه دار بودن نیز داشتن موقعیت اجتماعی در تولید است ۔

parce que le capital est un produit collectif ; Ce n'est que par l'action unie de nombreux membres qu'elle peut être mise en branle

زیرا سرمایه یک محصول جمعی است۔ تنها با عمل متحد بسیاری از اعضا می توان ان را به حرکت دراورد

Mais cette action unie n'est qu'un dernier recours, et nécessite en fait tous les membres de la société

اما این اقدام متحد اخرین چاره است و در واقع به همه اعضای جامعه نیاز دارد۔

Le capital est converti en propriété de tous les membres de la société

سرمایه به دارایی همه اعضای جامعه تبدیل می شود

mais le Capital n'est donc pas une puissance personnelle ; c'est un pouvoir social

اما سرمایه یک قدرت شخصی نیست۔این یک قدرت اجتماعی است

Ainsi, lorsque le capital est converti en propriété sociale, la propriété personnelle n'est pas pour autant transformée en propriété sociale

بنابراین هنگامی که سرمایه به مالکیت اجتماعی تبدیل می شود، مالکیت شخصی به مالکیت اجتماعی تبدیل نمی شود۔

Ce n'est que le caractère social de la propriété qui est modifié et qui perd son caractère de classe

تنها شخصیت اجتماعی ملک است که تغییر می کند و شخصیت طبقاتی خود را از دست می دهد۔

Regardons maintenant le travail salarié

بیایید نگاهی به کار مزدی داشته باشیم

Le prix moyen du salariat est le salaire minimum, c'est-à-dire le quantum des moyens de subsistance

متوسط قیمت کار مزدی حداقل دستمزد است، یعنی مقدار زیادی از وسایل معیشت

Ce salaire est absolument nécessaire dans la simple existence d'un ouvrier

این دستمزد مطلقا در زندگی عریان به عنوان یک کارگر ضروری است

Ce que le salarié s'approprie par son travail ne suffit donc qu'à prolonger et à reproduire une existence nue

بنابراین، انچه را که کارگر مزدی از طریق کار خود به دست می اورد، صرفا برای طولانی کردن و بازتولید یک وجود عریان کافی است۔

Nous n'avons nullement l'intention d'abolir cette appropriation personnelle des produits du travail

ما به هیچ وجه قصد نداریم این تصاحب شخصی محصولات کار را لغو کنیم.

une appropriation qui est faite pour le maintien et la reproduction de la vie humaine

تخصیصی که برای نگهداری و بازتولید زندگی انسان ساخته شده است

Une telle appropriation personnelle des produits du travail ne laisse pas de surplus pour commander le travail d'autrui

چنین تملک شخصی از محصولات کار هیچ مازادی برای فرمان دادن به کار دیگران به جا نمیگذارند

Tout ce que nous voulons supprimer, c'est le caractère misérable de cette appropriation

تنها چیزی که میخواهیم از بین ببریم، شخصیت بدبختانه این تصاحب است

l'appropriation dont vit l'ouvrier dans le seul but d'augmenter son capital

تصاحبی که کارگر تحت ان صرفا برای افزایش سرمایه زندگی میکند،

Il n'est autorisé à vivre que dans la mesure où l'intérêt de la classe dominante l'exige

او فقط تا انجا که مصلحت طبقه حاکم ایجاب میکند،حق دارد زندگی کند

Dans la société bourgeoise, le travail vivant n'est qu'un moyen d'augmenter le travail accumulé

در جامعه بورژوازی، کار زنده تنها وسیله ای برای افزایش کار انباشته شده است.

Dans la société communiste, le travail accumulé n'est qu'un moyen d'élargir, d'enrichir, de promouvoir l'existence de l'ouvrier

در جامعه کمونیستی،کار انباشته شده تنها وسیله ای برای گسترش ، غنی سازی و ترویج وجود کارگر است.

C'est pourquoi, dans la société bourgeoise, le passé domine le présent

بنابراین،در جامعه بورژوازی ،گذشته بر زمان حال حاکم است

dans la société communiste, le présent domine le passé

در جامعه کمونیستی زمان حال بر گذشته حاکم است

Dans la société bourgeoise, le capital est indépendant et a une individualité

در بورژوازی،سرمایه مستقل است و فردیت دارد .

Dans la société bourgeoise, la personne vivante est
dépendante et n'a pas d'individualité

در جامعه بورژوازی فرد زنده وابسته است و فردیت ندارد.

Et l'abolition de cet état de choses est appelée par la
bourgeoisie l'abolition de l'individualité et de la liberté !

و لغو این وضعیت توسط بورژوازی، لغو فردیت و ازادی نامیده می
شود

Et c'est à juste titre qu'on l'appelle l'abolition de
l'individualité et de la liberté !

و به درستی لغو فردیت و ازادی نامیده می شود

Le communisme vise à l'abolition de l'individualité
bourgeoise

هدف کمونیسم الغای فردیت بورژوازی است

Le communisme veut l'abolition de l'indépendance de la
bourgeoisie

کمونیسم قصد دارد استقلال بورژوازی را لغو کند

La liberté de la bourgeoisie est sans aucun doute ce que vise
le communisme

ازادی بورژوازی بدون شک چیزی است که کمونیسم به دنبال ان است.

dans les conditions actuelles de production de la
bourgeoisie, la liberté signifie le libre-échange, la liberté de
vendre et d'acheter

در شرایط فعلی تولید بورژوازی،ازادی به معنای تجارت ازاد ، فروش
ازاد و خرید است.

Mais si la vente et l'achat disparaissent, la vente et l'achat
gratuits disparaissent également

اما اگر فروش و خرید ناپدید شود، فروش و خرید رایگان نیز ناپدید می
شود.

Les « paroles courageuses » de la bourgeoisie sur la vente et
l'achat libres n'ont qu'un sens limité

کلمات شجاعانه "بورژوازی در مورد خرید و فروش ازاد تنها به"
معنای محدود است.

Ces mots n'ont de sens que par opposition à la vente et à
l'achat restreints

این کلمات تنها در مقایسه با فروش و خرید محدود معنی دارند.

et ces mots n'ont de sens que lorsqu'ils s'appliquent aux marchands enchaînés du moyen âge

و این کلمات فقط وقتی معنی دارند که در مورد تجار قرون وسطی به کار گرفته شوند

et cela suppose que ces mots aient même un sens dans un sens bourgeois

و فرض بر این است که این کلمات حتی به معنای بورژوازی هم معنی دارند

mais ces mots n'ont aucun sens lorsqu'ils sont utilisés pour s'opposer à l'abolition communiste de l'achat et de la vente

اما این کلمات هیچ معنایی ندارند زمانی که انها برای مخالفت با لغو کمونیست خرید و فروش استفاده می شوند

les mots n'ont pas de sens lorsqu'ils sont utilisés pour s'opposer à l'abolition des conditions de production de la bourgeoisie

وقتی از کلمات برای مخالفت با بورژوازی استفاده می شود، هیچ معنایی ندارد شرایط تولید لغو می شود

et ils n'ont aucun sens lorsqu'ils sont utilisés pour s'opposer à l'abolition de la bourgeoisie elle-même

و وقتی از انها برای مخالفت با برانداختن خود بورژوازی استفاده میشود،هیچ معنایی ندارند ۔

Vous êtes horrifiés par notre intention d'en finir avec la propriété privée

شما از قصد ما برای از بین بردن مالکیت خصوصی وحشت زده هستید

Mais dans votre société actuelle, la propriété privée est déjà abolie pour les neuf dixièmes de la population

اما در جامعه موجود شما، مالکیت خصوصی در حال حاضر برای نه دهم جمعیت از بین رفته است۔

L'existence d'une propriété privée pour quelques-uns est uniquement due à sa non-existence entre les mains des neuf dixièmes de la population

وجود مالکیت خصوصی برای تعداد کمی تنها به دلیل عدم وجود ان در دست نه دهم جمعیت است۔

Vous nous reprochez donc d'avoir l'intention de supprimer une forme de propriété

بنابراین، شما ما را سرزنش می کنید که قصد دارید یک نوع اموال را از بین ببرید

Mais la propriété privée nécessite l'inexistence de toute propriété pour l'immense majorité de la société

اما مالکیت خصوصی مستلزم عدم وجود هر گونه مالکیت برای اکثریت عظیم جامعه است.

En un mot, vous nous reprochez d'avoir l'intention de vous débarrasser de vos biens

در یک کلام، شما ما را سرزنش می کنید که قصد دارید اموال خود را از بین ببرید

Et c'est précisément le cas ; se débarrasser de votre propriété est exactement ce que nous avons l'intention de faire

و دقیقا همینطور است؛ از بین بردن اموال شما دقیقا همان چیزی است که ما قصد داریم

À partir du moment où le travail ne peut plus être converti en capital, en argent ou en rente

از لحظه ای که کار دیگر نمی تواند به سرمایه،پول یا اجاره تبدیل شود

quand le travail ne peut plus être converti en un pouvoir social monopolisé

وقتی دیگر نمیتوان کار را به یک قدرت اجتماعی تبدیل کرد که قادر به انحصار است.

à partir du moment où la propriété individuelle ne peut plus être transformée en propriété bourgeoise

از لحظه ای که مالکیت فردی دیگر نمی تواند به مالکیت بورژوازی تبدیل شود

à partir du moment où la propriété individuelle ne peut plus être transformée en capital

از لحظه ای که مالکیت فردی دیگر نمی تواند به سرمایه تبدیل شود

À partir de ce moment-là, vous dites que l'individualité s'évanouit

از ان لحظه،شما می گویید فردیت ناپدید می شود

Vous devez donc avouer que par « individu » vous n'entendez personne d'autre que la bourgeoisie

بنابراین باید اعتراف کنید که منظور شما از فرد «شخص دیگری جز بورژوازی نیست.

Vous devez avouer qu'il s'agit spécifiquement du propriétaire de la classe moyenne

شما باید اعتراف کنید که به طور خاص به مالک طبقه متوسط مالکیت اشاره دارد

Cette personne doit, en effet, être balayée et rendue impossible

در واقع این شخص باید از سر راه کنار گذاشته شود و غیرممکن شود.

Le communisme ne prive personne du pouvoir de s'approprier les produits de la société

کمونیسم هیچ انسانی را از قدرت استفاده از محصولات جامعه محروم نمی کند.

tout ce que fait le communisme, c'est de le priver du pouvoir de subjuguer le travail d'autrui au moyen d'une telle appropriation

تنها کاری که کمونیسم انجام میدهد این است که او را از قدرت انقیاد دیگران با چنین تملکی محروم کند.

On a objecté qu'avec l'abolition de la propriété privée, tout travail cesserait

اعتراض شده است که با لغو مالکیت خصوصی، تمام کار متوقف خواهد شد.

et il est alors suggéré que la paresse universelle nous rattrapera

و سپس پیشنهاد می شود که تنبلی جهانی ما را فرا خواهد گرفت

D'après cela, il y a longtemps que la société bourgeoise aurait dû aller aux chiens par pure oisiveté

بر این اساس، جامعه بورژوازی باید مدتها پیش از طریق بیکاری محض به سراغ سگها میرفت

parce que ceux de ses membres qui travaillent, n'acquièrent rien

زیرا کسانی از اعضای ان که کار می کنند، هیچ چیز به دست نمی اورند

et ceux de ses membres qui acquièrent quoi que ce soit, ne travaillent pas

و کسانی از اعضای ان که چیزی به دست می اورند،کار نمی کنند

L'ensemble de cette objection n'est qu'une autre expression de la tautologie

تمام این اعتراض فقط بیان دیگری از اصطلاح است

Il ne peut plus y avoir de travail salarié quand il n'y a plus de capital

دیگر هیچ کار مزدی نمی‌تواند وجود داشته باشد، در حالی که دیگر سرمایه‌های وجود ندارد.

Il n'y a pas de différence entre les produits matériels et les produits mentaux

هیچ تفاوتی بین محصولات مادی و محصولات ذهنی وجود ندارد

Le communisme propose que les deux soient produits de la même manière

کمونیسم پیشنهاد می کند که هر دو این ها به همان شیوه تولید می شوند

mais les objections contre les modes communistes de production sont les mêmes

اما اعتراضها به شیوه‌های کمونیستی تولید این دو یکی است

pour la bourgeoisie, la disparition de la propriété de classe est la disparition de la production elle-même

برای بورژوازی،از بین رفتن مالکیت طبقاتی ، ناپدید شدن خود تولید است.

Ainsi, la disparition de la culture de classe est pour lui identique à la disparition de toute culture

بنابراین ناپدید شدن فرهنگ طبقاتی برای او یکسان است با ناپدید شدن همه فرهنگها

Cette culture, dont il déplore la perte, n'est pour l'immense majorité qu'un simple entraînement à agir comme une machine

این فرهنگ،که او از دست دادن ان متاسف است ، برای اکثریت قریب به اتفاق یک اموزش صرف برای عمل به عنوان یک ماشین است.

Les communistes ont bien l'intention d'abolir la culture de la propriété bourgeoise

کمونیستها تا حد زیادی قصد دارند فرهنگ مالکیت بورژوازی را از میان بر دارند.

Mais ne vous querellez pas avec nous tant que vous appliquez les normes de vos notions bourgeoises de liberté, de culture, de droit, etc

اما تا زمانی که استاندارد بورژوازی خود را از مفاهیم ازادی، فرهنگ ، قانون و غیره اعمال می کنید،با ما مجادله نکنید .

Vos idées mêmes ne sont que le résultat des conditions de votre production bourgeoise et de la propriété bourgeoise

خود اندیشههای شما جز رشد شرایط تولید بورژوازی و مالکیت بورژوازی شما نیستند.

de même que votre jurisprudence n'est que la volonté de votre classe érigée en loi pour tous

درست همان طور که حقوق شما است اما اراده طبقه شما به قانون برای همه تبدیل شده است

Le caractère essentiel et l'orientation de cette volonté sont déterminés par les conditions économiques créées par votre classe sociale

ماهیت و جهت اساسی این اراده توسط شرایط اقتصادی که طبقه اجتماعی شما ایجاد می کند تعیین می شود.

L'idée fausse égoïste qui vous pousse à transformer les formes sociales en lois éternelles de la nature et de la raison

تصور غلط خودخواهانه ای که شما را وادار می کند فرم های اجتماعی را به قوانین ابدی طبیعت و عقل تبدیل کنید.

les formes sociales qui découlent de votre mode de production et de votre forme de propriété actuels

اشکال اجتماعی که از شیوه فعلی تولید و شکل مالکیت شما سرچشمه می گرفته است

des rapports historiques qui naissent et disparaissent dans le progrès de la production

روابط تاریخی که در پیشرفت تولید بالا می روند و ناپدید می شوند

cette idée fausse que vous partagez avec toutes les classes dirigeantes qui vous ont précédés

این تصور غلط را که شما با هر طبقه حاکمی که پیش از شما وجود داشته است،به اشتراک می گذارید

Ce que vous voyez clairement dans le cas de la propriété ancienne, ce que vous admettez dans le cas de la propriété féodale

انچه شما به وضوح در مورد مالکیت باستانی می بینید، انچه شما در مورد مالکیت فئودالی اعتراف می کنید

ces choses, il vous est bien entendu interdit de les admettre dans le cas de votre propre forme de propriété bourgeoise

البته در مورد بورژوازی خود شما را از پذیرفتن این چیز ها منع مددارند

Abolition de la famille ! Même les plus radicaux
s'enflamment devant cette infâme proposition des
communistes

لغو خانواده حتی رادیکال ترین شعله ها در این پیشنهاد بدنام کمونیست
ها

Sur quelle base se fonde la famille actuelle, la famille
bourgeoise ?

خانواده فعلی،خانواده بورژوازی ،بر چه مبنایی بنا شده است؟

La fondation de la famille actuelle est basée sur le capital et
le gain privé

پایه و اساس خانواده فعلی بر اساس سرمایه و سود خصوصی است

Sous sa forme complètement développée, cette famille
n'existe que dans la bourgeoisie

این خانواده در شکل کاملا تکامل یافته خود فقط در میان بورژوازی
وجود دارد.

Cet état de choses trouve son complément dans l'absence
pratique de la famille chez les prolétaires

این وضع در غیاب عملی خانواده در میان پرولترها تکمیل میشود

Cet état de choses se retrouve dans la prostitution publique

این وضعیت را می توان در فحشا عمومی یافت

La famille bourgeoise disparaîtra d'office quand son effectif
disparaîtra

خانواده بورژوازی به عنوان یک موضوع از بین خواهد رفت زمانی
که مکمل ان ناپدید شود

et l'une et l'autre s'évanouiront avec la disparition du capital

و هر دوی اینها با ناپدید شدن سرمایه از بین خواهند رفت

Nous accusez-vous de vouloir mettre fin à l'exploitation des
enfants par leurs parents ?

ایا شما ما را متهم می کنید که می خواهیم استثمار کودکان توسط والدین
انها را متوقف کنیم؟

Nous plaidons coupables de ce crime

ما به این جرم اعتراف میکنیم که گناهکاریم

Mais, direz-vous, on détruit les relations les plus sacrées,
quand on remplace l'éducation à domicile par l'éducation
sociale

اما،شما خواهید گفت ،ما مقدس ترین روابط را نابود می کنیم ، زمانی که ما اموزش خانگی را با اموزش اجتماعی جایگزین می کنیم.

Votre éducation n'est-elle pas aussi sociale ? Et n'est-elle pas déterminée par les conditions sociales dans lesquelles vous éduquez ?

ایا تحصیلات شما نیز اجتماعی نیست؟ ایا با شرایط اجتماعی که تحت ان تحصیل می کنید تعیین نمی شود؟

par l'intervention, directe ou indirecte, de la société, par le biais de l'école, etc·

با مداخله مستقیم یا غیرمستقیم جامعه،از طریق مدارس و غیره ـ

Les communistes n'ont pas inventé l'intervention de la société dans l'éducation

کمونیست ها دخالت جامعه در اموزش و پرورش را اختراع نکرده اند

ils ne cherchent qu'à modifier le caractère de cette intervention

انها فقط میخواهند ماهیت این مداخله را تغییر دهند

et ils cherchent à sauver l'éducation de l'influence de la classe dirigeante

و به دنبال نجات اموزش و پرورش از نفوذ طبقه حاکم هستند

La bourgeoisie parle de la relation sacrée du parent et de l'enfant

بورژوازی از رابطه مشترک مقدس پدر و مادر و فرزند سخن می گفت

mais ce baratin sur la famille et l'éducation devient d'autant plus répugnant quand on regarde l'industrie moderne

اما این تله کف زدن در مورد خانواده و اموزش و پرورش بیشتر منزجر کننده می شود زمانی که ما در صنعت مدرن نگاه می کنیم

Tous les liens familiaux entre les prolétaires sont déchirés par l'industrie moderne

تمام پیوندهای خانوادگی در میان پرولترها با صنعت مدرن از هم گسیخته شده است

Leurs enfants sont transformés en simples objets de commerce et en instruments de travail

فرزندان انها به مواد ساده تجارت و ابزار کار تبدیل می شوند

Mais vous, communistes, vous créeriez une communauté de femmes, crie en chœur toute la bourgeoisie

اما شما کمونیست ها جامعه ای از زنان ایجاد می کنید، کل بورژوازی فریاد می زند

La bourgeoisie ne voit en sa femme qu'un instrument de production

بورژوازی زنش را صرفا ابزار تولید میبیند

Il entend dire que les instruments de production doivent être exploités par tous

او می شنود که ابزار تولید باید توسط همه مورد بهره برداری قرار گیرد.

et, naturellement, il ne peut arriver à aucune autre conclusion que celle d'être commun à tous retombera également sur les femmes

و طبیعتا نمیتواند به نتیجهای برسد جز اینکه بسیاری از مشترک بودن برای همه نیز به زنان خواهد رسید.

Il ne soupçonne même pas qu'il s'agit en fait d'en finir avec le statut de la femme en tant que simple instrument de production

او حتی یک سوء ظن ندارد که نکته اصلی این است که وضعیت زنان را به عنوان ابزار تولید صرف از بین ببرد

Du reste, rien n'est plus ridicule que l'indignation vertueuse de notre bourgeoisie contre la communauté des femmes

برای بقیه، هیچ چیز مسخره تر از خشم فضیلت بورژوازی ما در جامعه زنان نیست.

ils prétendent qu'elle doit être établie ouvertement et officiellement par les communistes

انها وانمود میکنند که کمونیستها علنا و به طور رسمی ان را تاسیس کردهاند

Les communistes n'ont pas besoin d'introduire la communauté des femmes, elle existe depuis des temps immémoriaux

کمونیست ها نیازی به معرفی جامعه زنان ندارند، تقریبا از زمان های بسیار قدیم وجود داشته است

Notre bourgeoisie ne se contente pas d'avoir à sa disposition les femmes et les filles de ses prolétaires

بورژوازی ما راضی نیست که همسران و دختران پرولتاریای خود را در اختیار داشته باشد.

Ils prennent le plus grand plaisir à séduire les femmes de l'autre

انها از اغوای همسران یکدیگر بسیار لذت می بردند

Et cela ne parle même pas des prostituées ordinaires

و این حتی در مورد فاحشههای معمولی هم نیست

Le mariage bourgeois est en réalité un système d'épouses en commun

ازدواج بورژوازی در واقع یک سیستم مشترک همسران است

puis il y a une chose qu'on pourrait peut-être reprocher aux communistes

پس از ان یک چیز است که کمونیست ها ممکن است با سرزنش وجود دارد

Ils souhaitent introduire une communauté de femmes ouvertement légalisée

انها می خواهند یک جامعه اشکارا قانونی از زنان را معرفی کنند

plutôt qu'une communauté de femmes hypocritement dissimulée

به جای یک جامعه ریاکارانه پنهان از زنان

la communauté des femmes issues du système de production

جامعه زنان که از نظام تولید بیرون می ایند

Abolissez le système de production, et vous abolissez la communauté des femmes

سیستم تولید را لغو کنید و جامعه زنان را لغو کنید

La prostitution publique est abolie et la prostitution privée

هر دو فحشا عمومی لغو شده است،و فحشا خصوصی

On reproche en outre aux communistes de vouloir abolir les pays et les nationalités

کمونیست ها بیشتر سرزنش می شوند که می خواهند کشورها و ملیت ها را از بین ببرد.

Les travailleurs n'ont pas de patrie, nous ne pouvons donc pas leur prendre ce qu'ils n'ont pas

کارگران کشور ندارند، بنابراین ما نمیتوانیم انچه را که ندارند از انها بگیریم.

Le prolétariat doit d'abord acquérir la suprématie politique

پرولتاریا پیش از هر چیز باید برتری سیاسی کسب کند

Le prolétariat doit s'élever pour être la classe dirigeante de la
nation

پرولتاریا باید به عنوان طبقه پیشرو ملت به پا خیزد

Le prolétariat doit se constituer en nation

پرولتاریا باید خود ملت را تشکیل دهد

elle est, jusqu'à présent, elle-même nationale, mais pas dans
le sens bourgeois du mot

تا کنون خود را ملی کرده است،هرچند نه به معنای بورژوازی کلمه

Les différences nationales et les antagonismes entre les
peuples s'estompent chaque jour davantage

تفاوت های ملی و خصومت بین مردم روز به روز بیشتر و بیشتر ناپدید
می شوند

grâce au développement de la bourgeoisie, à la liberté du
commerce, au marché mondial

به دلیل توسعه بورژوازی،ازادی تجارت ،به بازار جهانی

à l'uniformité du mode de production et des conditions de
vie qui y correspondent

به یکنواختی در شیوه تولید و در شرایط زندگی مربوط به ان

La suprématie du prolétariat les fera disparaître encore plus
vite

برتری پرولتاریا باعث خواهد شد که انها سریعتر از بین بروند

L'action unie, du moins dans les principaux pays civilisés,
est une des premières conditions de l'émancipation du
prolétariat

اقدام متحد،حداقل از کشورهای متمدن پیشرو ، یکی از اولین شرایط
رهایی پرولتاریا است.

Dans la mesure où l'exploitation d'un individu par un autre
prendra fin, l'exploitation d'une nation par une autre
prendra également fin à

به همان نسبت که استثمار یک فرد توسط دیگری پایان یابد، استثمار
یک ملت توسط ملت دیگر نیز پایان خواهد یافت.

À mesure que l'antagonisme entre les classes à l'intérieur de
la nation disparaîtra, l'hostilité d'une nation envers une
autre prendra fin

به نسبتی که خصومت بین طبقات درون ملت از بین می رود، خصومت
یک ملت با ملت دیگر به پایان خواهد رسید.

Les accusations portées contre le communisme d'un point de vue religieux, philosophique et, en général, idéologique, ne méritent pas d'être examinées sérieusement

اتهامات علیه کمونیسم که از دیدگاه مذهبی، فلسفی و به طور کلی از نقطه نظر ایدئولوژیک مطرح می شود،سزاوار بررسی جدی نیست ـ

Faut-il une intuition profonde pour comprendre que les idées, les vues et les conceptions de l'homme changent à chaque changement dans les conditions de son existence matérielle ?

ایا برای درک اینکه ایده ها، دیدگاه ها و مفاهیم انسان با هر تغییری در شرایط وجود مادی او تغییر می کند،نیاز به شهود عمیق دارد؟

N'est-il pas évident que la conscience de l'homme change lorsque ses relations sociales et sa vie sociale changent ?

ایا واضح نیست که اگاهی انسان با تغییر روابط اجتماعی و زندگی اجتماعی اش تغییر می کند؟

Qu'est-ce que l'histoire des idées prouve d'autre, sinon que la production intellectuelle change de caractère à mesure que la production matérielle se modifie ?

تاریخ ایده ها چه چیز دیگری را ثابت می کند، جز اینکه تولید فکری شخصیت خود را به نسبت تولید مادی تغییر می دهد؟

Les idées dominantes de chaque époque ont toujours été les idées de sa classe dirigeante

ایده های حاکم بر هر عصر همیشه ایده های طبقه حاکم ان بوده است

Quand on parle d'idées qui révolutionnent la société, on n'exprime qu'un seul fait

وقتی مردم از ایده هایی صحبت می کنند که جامعه را متحول می کنند، فقط یک واقعیت را بیان می کنند.

Au sein de l'ancienne société, les éléments d'une nouvelle société ont été créés

در جامعه قدیمی،عناصر یک جامعه جدید ایجاد شده است

et que la dissolution des vieilles idées va de pair avec la dissolution des anciennes conditions d'existence

و انحلال اندیشههای کهنه با انحلال شرایط هستی کهن همگام است

Lorsque le monde antique était dans ses dernières affresses, les anciennes religions ont été vaincues par le christianisme

هنگامی که جهان باستان در اخرین درد و رنج خود بود، ادیان باستانی
توسط مسیحیت غلبه کردند

Lorsque les idées chrétiennes ont succombé au XVIIIe siècle
aux idées rationalistes, la société féodale a mené une bataille
à mort contre la bourgeoisie alors révolutionnaire

هنگامی که ایده های مسیحی در قرن هجدهم به ایده های عقلانی تسلیم
شدند، جامعه فئودالی نبرد مرگ خود را با بورژوازی انقلابی ان زمان
انجام داد.

Les idées de liberté religieuse et de liberté de conscience
n'ont fait qu'exprimer l'emprise de la libre concurrence dans
le domaine de la connaissance

اندیشههای ازادی مذهبی و ازادی وجدان صرفا به سلطهی رقابت ازاد
در حوزهی دانش کمک میکرد.

« Sans doute, dira-t-on, les idées religieuses, morales,
philosophiques et juridiques ont été modifiées au cours du
développement historique »

بدون شک"،گفته خواهد شد "،ایده های مذهبی" ،اخلاقی ، فلسفی و
حقوقی در جریان توسعه تاریخی اصلاح شده است."

Mais la religion, la morale, la philosophie, la science
politique et le droit ont constamment survécu à ce
changement·

اما دین،فلسفه اخلاق ،علوم سیاسی و قانون ، دائما از این تغییر جان
سالم به در بردند.

« Il y a aussi des vérités éternelles, telles que la Liberté, la
Justice, etc· »

همچنین حقایق ابدی مانند ازادی،عدالت و غیره وجود دارد ـ

« Ces vérités éternelles sont communes à tous les états de la
société »

"این حقایق ابدی برای همه کشورهای جامعه مشترک است"

« Mais le communisme abolit les vérités éternelles, il abolit
toute religion et toute morale »

اما کمونیسم حقایق ابدی را لغو می کند، تمام دین و تمام اخلاق را از
بین می برد.

« il fait cela au lieu de les constituer sur une nouvelle base »

"این کار را به جای تشکیل انها بر اساس جدید انجام می دهد"

« Elle agit donc en contradiction avec toute l'expérience historique passée »

بنابراین در تضاد با تمام تجربه های تاریخی گذشته عمل می کند.

À quoi se réduit cette accusation ?

این اتهام خود را به چه چیزی کاهش می دهد؟

L'histoire de toute la société passée a consisté dans le développement d'antagonismes de classe

تاریخ تمام جامعه گذشته شامل توسعه تضادهای طبقاتی بوده است

antagonismes qui ont pris des formes différentes selon les époques

تضادهایی که در دورههای مختلف شکلهای مختلفی به خود گرفتند

Mais quelle que soit la forme qu'ils aient prise, un fait est commun à tous les âges passés

اما هر شکلی که ممکن است داشته باشند، یک واقعیت برای تمام سنین گذشته مشترک است.

l'exploitation d'une partie de la société par l'autre

استثمار یک بخش از جامعه توسط بخش دیگر

Il n'est donc pas étonnant que la conscience sociale des âges passés se meuve à l'intérieur de certaines formes communes ou d'idées générales

بنابراین جای تعجب نیست که اگاهی اجتماعی اعدای گذشته در برخی اشکال مشترک یا ایده های کلی حرکت می کند.

(et ce, malgré toute la multiplicité et la variété qu'il affiche)

(و این به رغم تمام تنوع و تنوعی است که نشان می دهد)

et ceux-ci ne peuvent disparaître complètement qu'avec la disparition totale des antagonismes de classe

و اینها نمیتوانند به طور کامل محو شوند مگر با ناپدید شدن کامل تضادهای طبقاتی

La révolution communiste est la rupture la plus radicale avec les rapports de propriété traditionnels

انقلاب کمونیستی رادیکال ترین گسست از روابط مالکیت سنتی است

Il n'est donc pas étonnant que son développement implique la rupture la plus radicale avec les idées traditionnelles

جای تعجب نیست که توسعه ان شامل رادیکال ترین گسست با ایده های سنتی است

Mais finissons-en avec les objections de la bourgeoisie contre le communisme

اما بیایید اعتراض بورژوازی به کمونیسم را تمام کنیم

Nous avons vu plus haut le premier pas de la révolution de la classe ouvrière

ما بالاتر از اولین گام در انقلاب توسط طبقه کارگر دیده ایم

Le prolétariat doit être élevé à la position de dirigeant, pour gagner la bataille de la démocratie

پرولتاریا باید به مقام حکومت کردن، برای پیروزی در نبرد دموکراسی،ارتقاء یابد ۔

Le prolétariat usera de sa suprématie politique pour arracher peu à peu tout le capital à la bourgeoisie

پرولتاریا از برتری سیاسی خود استفاده خواهد کرد تا به تدریج تمام سرمایه را از بورژوازی بگیرد۔

elle centralisera tous les instruments de production entre les mains de l'État

تمام ابزار های تولید را در دست دولت متمرکز خواهد کرد۔

En d'autres termes, le prolétariat s'est organisé en classe dominante

به عبارت دیگر،پرولتاریا به عنوان طبقه حاکم سازماندهی شد

et elle augmentera le plus rapidement possible le total des forces productives

و کل نیروهای تولیدی را در اسرع وقت افزایش خواهد داد۔

Bien sûr, au début, cela ne peut se faire qu'au moyen d'incursions despotiques dans les droits de propriété

البته،در ابتدا ، این نمی تواند انجام شود مگر با استفاده از تهاجم استبدادی به حقوق مالکیت.

et elle doit être réalisée dans les conditions de la production bourgeoise

و باید در شرایط تولید بورژوازی به دست اید

Elle est donc réalisée au moyen de mesures qui semblent économiquement insuffisantes et intenables

بنابراین، از طریق اقداماتی به دست می اید که از لحاظ اقتصادی ناکافی و غیرقابل دفاع به نظر می رسد۔

mais ces moyens, dans le cours du mouvement, se dépassent d'eux-mêmes

اما این ابزارها،در جریان حرکت ،از خود پیشی می گیرند

elles nécessitent de nouvelles incursions dans l'ancien ordre social

این امر مستلزم نفوذ بیشتر به نظم اجتماعی کهن است

et ils sont inévitables comme moyen de révolutionner entièrement le mode de production

و انها به عنوان وسیله ای برای انقلابی کامل در شیوه تولید اجتناب ناپذیر هستند

Ces mesures seront bien sûr différentes selon les pays

البته این اقدامات در کشورهای مختلف متفاوت خواهد بود.

Néanmoins, dans les pays les plus avancés, ce qui suit sera assez généralement applicable

با این وجود در پیشرفته ترین کشورها، موارد زیر به طور کلی قابل اجرا خواهد بود

1- L'abolition de la propriété foncière et l'affectation de toutes les rentes foncières à des fins publiques.

1- الغای مالکیت زمین و استفاده از تمام رانت های زمین برای مقاصد عمومی.

2- Un impôt sur le revenu progressif ou progressif lourd.

2-مالیات بر درامد مترقی یا فارغ التحصیل سنگین .

3- Abolition de tout droit d'héritage.

3- الغاء تمام حقوق ارث.

4- Confiscation des biens de tous les émigrés et rebelles.

4- مصادره اموال همه مهاجرین و شورشیان.

5- Centralisation du crédit entre les mains de l'État, au moyen d'une banque nationale à capital d'État et monopole exclusif.

5- تمرکز اعتبار در دست دولت، از طریق یک بانک ملی با سرمایه دولتی و انحصار انحصاری.

6- Centralisation des moyens de communication et de transport entre les mains de l'État.

6-تمرکز وسایل ارتباطی و حمل و نقل در دست دولت .

7- Extension des usines et des instruments de production appartenant à l'État

7-گسترش کارخانه ها و ابزار تولید متعلق به دولت

la mise en culture des terres incultes, et l'amélioration du sol en général d'après un plan commun·

اوردن به کشت زمین های بایر و بهبود خاک به طور کلی مطابق با یک برنامه مشترک.

8- Responsabilité égale de tous vis-à-vis du travail

8- مسؤولیت برابر همه در برابر کار

Mise en place d'armées industrielles, notamment pour l'agriculture·

ایجاد ارتش صنعتی،به ویژه برای کشاورزی ·

9- Combinaison de l'agriculture et des industries manufacturières

9ـترکیب کشاورزی با صنایع تولیدی

l'abolition progressive de la distinction entre la ville et la campagne, par une répartition plus égale de la population sur le territoire·

لغو تدریجی تمایز بین شهر و کشور، با توزیع عادلانه تر جمعیت در سراسر کشور ·

10- Gratuité de l'éducation pour tous les enfants dans les écoles publiques·

10ـاموزش رایگان برای همه کودکان در مدارس دولتی ·

Abolition du travail des enfants dans les usines sous sa forme actuelle

لغو کار کودکان در کارخانه در شکل فعلی ان

Combinaison de l'éducation et de la production industrielle

ترکیب اموزش و پرورش با تولید صنعتی

Quand, au cours du développement, les distinctions de classe ont disparu

هنگامی که در جریان توسعه،تمایز طبقاتی ناپدید شده است

et quand toute la production aura été concentrée entre les mains d'une vaste association de toute la nation

و هنگامی که تمام تولید در دست یک انجمن گسترده از کل ملت متمرکز شده است

alors la puissance publique perdra son caractère politique

در این صورت قدرت عمومی شخصیت سیاسی خود را از دست خواهد داد·

Le pouvoir politique, proprement dit, n'est que le pouvoir organisé d'une classe pour en opprimer une autre

قدرت سیاسی،که به درستی به اصطلاح نامیده می شود ، صرفا قدرت سازمان یافته یک طبقه برای سرکوب دیگری است.

Si le prolétariat, dans sa lutte contre la bourgeoisie, est contraint, par la force des choses, de s'organiser en classe

اگر پرولتاریا در طول رقابت با بورژوازی مجبور شود، با نیروی شرایط،خود را به عنوان یک طبقه سازماندهی کند ۔

si, par une révolution, elle se fait la classe dominante

اگر با استفاده از یک انقلاب،خود را طبقه حاکمه کند

et, en tant que telle, elle balaie par la force les anciennes conditions de production

و به همین ترتیب،شرایط قدیمی تولید را به زور از بین می برد

alors, avec ces conditions, elle aura balayé les conditions d'existence des antagonismes de classes et des classes en général

سپس،همراه با این شرایط ، شرایط وجود تضادهای طبقاتی و به طور کلی طبقات را از بین خواهد برد۔

et aura ainsi aboli sa propre suprématie en tant que classe۔

و از این طریق برتری خود را به عنوان یک طبقه از بین خواهد برد۔

A la place de l'ancienne société bourgeoise, avec ses classes et ses antagonismes de classes, nous aurons une association

به جای جامعه بورژوازی کهن،با طبقات و تضادهای طبقاتی ان ، ما یک انجمن خواهیم داشت۔

une association dans laquelle le libre développement de chacun est la condition du libre développement de tous

انجمنی که در ان توسعه ازاد هر یک شرط توسعه ازاد همه است۔

1) Le socialisme réactionnaire

سوسیالیسم ارتجاعی (1

a) Le socialisme féodal

الف (سوسیالیسم فئودالی

les aristocraties de France et d'Angleterre avaient une position historique unique

اشراف فرانسه و انگلستان موقعیت تاریخی منحصر به فردی داشتند

c'est devenu leur vocation d'écrire des pamphlets contre la société bourgeoise moderne

نوشتن جزوات علیه جامعه بورژوازی مدرن به کارشان راه داد

Dans la révolution française de juillet 1830 et dans l'agitation réformiste anglaise

در انقلاب ژوئیه ۱۸۳۰ فرانسه و در تحریک اصلاحات انگلیسی

Ces aristocraties succombèrent de nouveau à l'odieux parvenu

این اشراف زادهها بار دیگر در برابر ان نوان نفرتانگیز تسلیم شدند

Dès lors, il n'était plus question d'une lutte politique sérieuse

از ان پس، یک رقابت سیاسی جدی کاملا خارج از بحث بود

Tout ce qui restait possible, c'était une bataille littéraire, pas une véritable bataille

تنها چیزی که ممکن بود نبرد ادبی بود،نه یک نبرد واقعی ـ

Mais même dans le domaine de la littérature, les vieux cris de la période de la restauration étaient devenus impossibles

اما حتی در حوزه ادبیات، فریادهای قدیمی دوران بازسازی غیرممکن شده بود

Pour s'attirer la sympathie, l'aristocratie était obligée de perdre de vue, semble-t-il, ses propres intérêts

به منظور برانگیختن همدردی، اشراف مجبور بودند ظاهرا منافع خود را از دست بدهند

et ils ont été obligés de formuler leur réquisitoire contre la bourgeoisie dans l'intérêt de la classe ouvrière exploitée

و ناگزیر بودند که کیفرخواست خود را علیه بورژوازی به نفع طبقه کارگر استثمار شده تنظیم کنند

C'est ainsi que l'aristocratie prit sa revanche en chantant des pamphlets sur son nouveau maître

بدین ترتیب اشراف با تمسخر ارباب جدید خود خود انتقام خود را گرفتند

et ils prirent leur revanche en lui murmurant à l'oreille de sinistres prophéties de catastrophe à venir

و انها انتقام خود را با زمزمه کردن در گوش او پیشگوییهای شوم فاجعهای که در پیش است گرفتند

C'est ainsi qu'est né le socialisme féodal : moitié lamentation, moitié moquerie

به این ترتیب سوسیالیسم فئودالی به وجود آمد :نیمی سوگواری، نیمه لامپون

Il sonnait comme un demi-écho du passé, et projetait une demi-menace de l'avenir

ان را به عنوان نیمی از پژواک گذشته به صدا در می اورد و نیمی از تهدید اینده را پیش بینی می کند

parfois, par sa critique acerbe, spirituelle et incisive, il frappait la bourgeoisie au plus profond de lui-même

گاهی اوقات،با انتقاد تلخ ،شوخ طبع و قاطع ، بورژوازی را به قلب خود می زد

mais elle a toujours été ridicule dans son effet, par l'incapacité totale de comprendre la marche de l'histoire moderne

اما همیشه مضحک بود، از طریق ناتوانی کامل در درک حرکت تاریخ مدرن

L'aristocratie, pour rallier le peuple à elle, agitait le sac d'aumône prolétarien en guise de bannière

اشرافیت،به منظور متحد کردن مردم به سمت انها ، کیسه صدقه پرولتری را در مقابل یک پرچم تکان داد

Mais le peuple, toutes les fois qu'il se joignait à lui, voyait sur son arrière-train les anciennes armoiries féodales

اما مردم،اغلب که به انها ملحق شند ، از عقب نشانهای فئودالی قدیمی را میدیدند

et ils désertèrent avec des rires bruyants et irrévérencieux

و با صدای بلند و بی حرمتی از ان جا رفتند.

Une partie des légitimistes français et de la « Jeune Angleterre » offrit ce spectacle

یک بخش از مشروعیت طلبان فرانسوی و "انگلستان جوان "این نمایش را به نمایش گذاشت

les féodaux ont fait remarquer que leur mode d'exploitation
était différent de celui de la bourgeoisie

فئودالیستها اشاره کردند که شیوهی استثمار انها با شیوهی بورژوازی فرق دارد

Les féodaux oublient qu'ils ont exploité dans des
circonstances et des conditions tout à fait différentes

فئودالیست ها فراموش می کنند که تحت شرایط و شرایطی که کاملا متفاوت بود،استثمار می کردند ـ

Et ils n'ont pas remarqué que de telles méthodes
d'exploitation sont maintenant désuètes

و انها متوجه نشدند که چنین روشهای استثماری اکنون کهنه شده اند

Ils ont montré que, sous leur domination, le prolétariat
moderne n'a jamais existé

انها نشان دادند که تحت حکومت انها، پرولتاریای مدرن هرگز وجود نداشته است.

mais ils oublient que la bourgeoisie moderne est le produit
nécessaire de leur propre forme de société

اما فراموش میکنند که بورژوازی مدرن اولاد ضروری شکل جامعه خودشان است.

Pour le reste, ils dissimulent à peine le caractère
réactionnaire de leur critique

برای بقیه، انها به سختی ماهیت ارتجاعی انتقاد خود را پنهان می کنند

Leur principale accusation contre la bourgeoisie se résume à
ceci

اتهام اصلی انها علیه بورژوازی به شرح زیر است

sous le régime bourgeois, une classe sociale se développe

تحت رژیم بورژوازی یک طبقه اجتماعی در حال توسعه است

Cette classe sociale est destinée à découper de fond en
comble l'ancien ordre de la société

سرنوشت این طبقه اجتماعی این است که ریشه و نظم کهن اجتماع را منشعب کند

Ce qu'ils reprochent à la bourgeoisie, ce n'est pas tant
qu'elle crée un prolétariat

انچه بورژوازی را با ان سرزنش میکنند این نیست که پرولتاریا را خلق میکند.

ce qu'ils reprochent à la bourgeoisie, c'est plutôt de créer un prolétariat révolutionnaire

انچه بورژوازی را با ان سرزنش میکنند بیشتر این است که پرولتاریای انقلابی را ایجاد میکند.

Dans la pratique politique, ils se joignent donc à toutes les mesures coercitives contre la classe ouvrière

بنابراین،در عمل سیاسی ، انها به تمام اقدامات اجباری علیه طبقه کارگر می پیوندند.

Et dans la vie ordinaire, malgré leurs phrases hautaines, ils s'abaissent à ramasser les pommes d'or tombées de l'arbre de l'industrie

و در زندگی عادی،علیرغم عبارات پرفالوتین ، خم میشوند تا سیبهای طلایی را که از درخت صنعت افتاده‌اند بردارند.

et ils troquent la vérité, l'amour et l'honneur contre le commerce de la laine, du sucre de betterave et de l'eau-de-vie de pommes de terre

و انها حقیقت،عشق و افتخار را با تجارت پشم ، شکر چغندر و ارواح سیب زمینی مبادله می کنند.

De même que le pasteur a toujours marché main dans la main avec le propriétaire foncier, il en a été de même du socialisme clérical et du socialisme féodal

همانطور که کشیش تا به حال دست در دست صاحبخانه رفته است، سوسیالیسم روحانیت با سوسیالیسم فئودالی نیز همراه است

Rien n'est plus facile que de donner à l'ascétisme chrétien une teinte socialiste

هیچ چیز اسان تر از این نیست که به زاهد مسیحی یک شئاتر سوسیالیستی بدهیم

Le christianisme n'a-t-il pas déclamé contre la propriété privée, contre le mariage, contre l'État ?

ایا مسیحیت علیه مالکیت خصوصی، علیه ازدواج و علیه دولت ادعا نکرده است؟

Le christianisme n'a-t-il pas prêché à la place de la charité et de la pauvreté ?

ایا مسیحیت به جای اینها، خیریه و فقر موعظه نکرده است؟

Le christianisme ne prêche-t-il pas le célibat et la mortification de la chair, de la vie monastique et de l'Église mère ?

ایا مسیحیت مجردی و تحقیر گوشت، زندگی صومعه و کلیسای مادر را موعظه نمی کند؟

Le socialisme chrétien n'est que l'eau bénite avec laquelle le prêtre consacre les brûlures du cœur de l'aristocrate

سوسیالیسم مسیحی چیزی جز اب مقدسی نیست که کشیش با ان قلب سوزهای اشراف زاده را تقدیس می کند.

b) Le socialisme petit-bourgeois

ب (سوسیالیسم خرده بورژوائی

L'aristocratie féodale n'est pas la seule classe ruinée par la bourgeoisie

اشرافیت فئودالی تنها طبقه ای نبود که توسط بورژوازی نابود شد۔

ce n'était pas la seule classe dont les conditions d'existence languissaient et périssaient dans l'atmosphère de la société bourgeoise moderne

این تنها طبقه ای نبود که شرایط زندگی اش در فضای جامعه بورژوازی مدرن به هم می خورد و نابود می شد۔

Les bourgeois médiévaux et les petits propriétaires paysans ont été les précurseurs de la bourgeoisie moderne

بورژواهای قرون وسطایی و مالکان کوچک دهقانی پیشگامان بورژوازی مدرن بودند

Dans les pays peu développés, tant au point de vue industriel que commercial, ces deux classes végètent encore côte à côte

در کشورهایی که از نظر صنعتی و تجاری کمتر توسعه یافته هستند، این دو طبقه هنوز در کنار هم قرار دارند۔

et pendant ce temps, la bourgeoisie se lève à côté d'eux : industriellement, commercialement et politiquement

و در عین حال بورژوازی در کنار انها قیام می کند :صنعتی، تجاری و سیاسی

Dans les pays où la civilisation moderne s'est pleinement développée, une nouvelle classe de petite bourgeoisie s'est formée

در کشورهایی که تمدن مدرن به طور کامل توسعه یافته است، طبقه جدیدی از خرده بورژوازی تشکیل شده است۔

cette nouvelle classe sociale oscille entre le prolétariat et la bourgeoisie

این طبقه اجتماعی جدید بین پرولتاریا و بورژوازی در نوسان است

et elle se renouvelle sans cesse en tant que partie supplémentaire de la société bourgeoise

و همواره خود را به عنوان یک بخش تکمیلی از جامعه بورژوازی تجدید می کند

Cependant, les membres individuels de cette classe sont constamment précipités dans le prolétariat

با این حال، اعضای این طبقه به طور مداوم به پرولتاریا پرتاب می شوند.

ils sont aspirés par le prolétariat par l'action de la concurrence

انها توسط پرولتاریا از طریق عمل رقابت مکیده می شوند

Au fur et à mesure que l'industrie moderne se développe, ils voient même approcher le moment où ils disparaîtront complètement en tant que section indépendante de la société moderne

همانطور که صنعت مدرن توسعه می یابد، انها حتی لحظه ای را می بینند که به طور کامل به عنوان یک بخش مستقل از جامعه مدرن ناپدید می شوند.

ils seront remplacés, dans les manufactures, l'agriculture et le commerce, par des surveillants, des huissiers et des boutiquiers

انها در تولید،کشاورزی و تجارت ،توسط نادیده گیرندگان ، مجریان و مغازه داران جایگزین خواهند شد

Dans des pays comme la France, où les paysans représentent bien plus de la moitié de la population

در کشورهایی مانند فرانسه، جایی که دهقانان بیش از نیمی از جمعیت را تشکیل می دهند.

il était naturel qu'il y ait des écrivains qui se rangent du côté du prolétariat contre la bourgeoisie

طبیعی بود که نویسندگانی هستند که طرف پرولتاریا را در برابر بورژوازی گرفتهاند

dans leur critique du régime bourgeois, ils utilisaient l'étendard de la bourgeoisie paysanne et de la petite bourgeoisie

در انتقاد از رژیم بورژوازی از استاندارد دهقانان و خرده بورژوازی استفاده کردند

et, du point de vue de ces classes intermédiaires, ils prennent le relais de la classe ouvrière

و از نقطه نظر این طبقات متوسط چماقها را برای طبقه کارگر می گیرند

C'est ainsi qu'est né le socialisme petit-bourgeois, dont
Sismondi était le chef de cette école, non seulement en
France, mais aussi en Angleterre

بدین ترتیب سوسیالیسم خرده بورژوازی به وجود امد، که یسمونی
رئیس این مدرسه بود،نه تنها در فرانسه بلکه در انگلستان ـ

Cette école du socialisme a disséqué avec une grande acuité
les contradictions des conditions de la production moderne

این مکتب سوسیالیسم تناقضات موجود در شرایط تولید مدرن را با شدت
زیادی تشریح میکرد

Cette école a mis à nu les excuses hypocrites des économistes

این مدرسه عذرخواهی ریاکارانه اقتصاددانان را اشکار کرد

Cette école prouva sans conteste les effets désastreux du
machinisme et de la division du travail

این مدرسه،بدون هیچ انکاری ، اثرات فاجعه بار ماشین الات و تقسیم
کار را ثابت کرد.

elle prouvait la concentration du capital et de la terre entre
quelques mains

این نشان داد که سرمایه و زمین در دست چند نفر است

elle a prouvé comment la surproduction conduit à des crises
bourgeoises

این نشان داد که چگونه تولید بیش از حد منجر به بحران بورژوازی
می شود

il soulignait la ruine inévitable de la petite bourgeoisie et
des paysans

به نابودی اجتناب ناپذیر خرده بورژوازی و دهقانان اشاره داشت

la misère du prolétariat, l'anarchie de la production, les
inégalités criantes dans la répartition des richesses

بدبختی پرولتاریا،هرج و مرج در تولید ، نابرابری گریه در توزیع
ثروت

Il a montré comment le système de production mène la
guerre industrielle d'extermination entre les nations

این نشان داد که چگونه سیستم تولید منجر به جنگ صنعتی نابودی بین
ملت ها می شود

la dissolution des vieux liens moraux, des vieilles relations
familiales, des vieilles nationalités

انحلال پیوندهای اخلاقی کهن،روابط خانوادگی قدیمی ، ملیتهای کهن

Dans ses objectifs positifs, cependant, cette forme de socialisme aspire à réaliser l'une des deux choses suivantes

با این حال،در اهداف مثبت خود ، این شکل از سوسیالیسم ارزوی دستیابی به یکی از این دو چیز را دارد۔

soit elle vise à restaurer les anciens moyens de production et d'échange

یا قصد دارد وسایل قدیمی تولید و مبادله را احیا کند۔

et avec les anciens moyens de production, elle rétablirait les anciens rapports de propriété et l'ancienne société

و با وسایل قدیمی تولید، روابط مالکیت قدیمی و جامعه قدیمی را احیا خواهد کرد۔

ou bien elle vise à enfermer les moyens modernes de production et d'échange dans l'ancien cadre des rapports de propriété

یا هدف ان این است که ابزار مدرن تولید و مبادله را به چارچوب قدیمی روابط مالکیت تبدیل کند۔

Dans un cas comme dans l'autre, elle est à la fois réactionnaire et utopique

در هر دو مورد،هم ارتجاعی و هم اتوپیایی است ۔

Ses derniers mots sont : guildes corporatives pour la fabrication, relations patriarcales dans l'agriculture

اخرین کلمات ان عبارتند از :اصناف شرکت برای تولید، روابط پدرسالارانه در کشاورزی

En fin de compte, lorsque les faits historiques obstinés ont dispersé tous les effets enivrants de l'auto-tromperie

در نهایت، هنگامی که حقایق تاریخی سرسختانه تمام اثرات مست کننده خود فریبی را پراکنده کرده بود

cette forme de socialisme se termina par un misérable accès de pitié

این شکل از سوسیالیسم با ترحمی رقتانگیز پایان یافت

c) Le socialisme allemand, ou « vrai »

"ج (سوسياليسم المانى يا "واقعى

La littérature socialiste et communiste de France est née sous
la pression d'une bourgeoisie au pouvoir

ادبيات سوسياليستى و كمونيستى فرانسه تحت فشار بورژوازى در
قدرت اغاز شد.

Et cette littérature était l'expression de la lutte contre ce
pouvoir

و اين ادبيات مظهر مبارزه عليه اين قدرت بود

elle a été introduite en Allemagne à une époque où la
bourgeoisie venait de commencer sa lutte contre
l'absolutisme féodal

اين كتاب در زمانى به المان وارد شد كه بورژوازى تازه مبارزه خود
را با استبداد فئودالى اغاز كرده بود.

Les philosophes allemands, les prétendus philosophes et les
beaux esprits, s'emparèrent avidement de cette littérature

فيلسوفان المانى،فيلسوفان مى شود ،و روح زيبا ، مشتاقانه در اين
ادبيات به دست گرفت

mais ils oubliaient que les écrits avaient émigré de France en
Allemagne sans apporter avec eux les conditions sociales
françaises

اما فراموش كردند كه نوشتهها از فرانسه به المان مهاجرت كردهاند
بدون انكه شرايط اجتماعى فرانسه را به همراه داشته باشند.

Au contact des conditions sociales allemandes, cette
littérature française perd toute sa signification pratique
immédiate

در تماس با شرايط اجتماعى المان، اين ادبيات فرانسوى تمام اهميت
عملى فورى خود را از دست داد.

et la littérature communiste de France a pris un aspect
purement littéraire dans les cercles académiques allemands

و ادبيات كمونيستى فرانسه در محافل دانشگاهى المان جنبه ادبى محض
به خود گرفت

Ainsi, les exigences de la première Révolution française
n'étaient rien d'autre que les exigences de la « raison
pratique »

بنابراین، خواسته های انقلاب اول فرانسه چیزی بیش از خواسته های عقل عملی "نبود".

et l'expression de la volonté de la bourgeoisie française révolutionnaire signifiait à leurs yeux la loi de la volonté pure

و بیان اراده بورژوازی انقلابی فرانسه در چشم انها قانون اراده خالص را نشان می داد

il signifiait la Volonté telle qu'elle devait être ; de la vraie Volonté humaine en général

این به معنای ویل بود، همانطور که باید باشد؛ از اراده واقعی انسان به طور کلی

Le monde des lettrés allemands ne consistait qu'à mettre les nouvelles idées françaises en harmonie avec leur ancienne conscience philosophique

جهان ادبیات المانی تنها شامل اوردن ایده های جدید فرانسوی به هماهنگی با وجدان فلسفی باستانی انها بود۔

ou plutôt, ils ont annexé les idées françaises sans déserter leur propre point de vue philosophique

یا بهتر بگویم، انها ایدههای فرانسوی را ضمیمه کردند بدون اینکه دیدگاه فلسفی خود را رها کنند۔

Cette annexion s'est faite de la même manière que l'on s'approprie une langue étrangère, c'est-à-dire par la traduction

این الحاق به همان شیوه ای صورت گرفت که یک زبان خارجی، یعنی با ترجمه،اختصاص داده می شود ۔

Il est bien connu comment les moines ont écrit des vies stupides de saints catholiques sur des manuscrits

به خوبی شناخته شده است که چگونه راهبان زندگی احمقانه مقدسین کاتولیک را بر روی نسخه های خطی نوشتند

les manuscrits sur lesquels les œuvres classiques de l'ancien paganisme avaient été écrites

دستنوشتههایی که اثار کلاسیک امتهای باستانی بر روی انها نوشته شده بود

Les lettrés allemands ont inversé ce processus avec la littérature française profane

ادبیات المانی این روند را با ادبیات فرانسوی بی حرمتی معکوس کرد

Ils ont écrit leurs absurdités philosophiques sous l'original français

انها چرندیات فلسفی خود را در زیر اصل فرانسوی نوشتند

Par exemple, sous la critique française des fonctions économiques de l'argent, ils ont écrit « L'aliénation de l'humanité »

به عنوان مثال،در زیر انتقاد فرانسه از عملکرد اقتصادی پول ، انها بیگانگی بشریت "را نوشتند".

au-dessous de la critique française de l'État bourgeois, ils écrivaient « détrônement de la catégorie du général »

در زیر انتقاد فرانسه از دولت بورژوازی انها نوشتند "خلع طبقه عمومی"

L'introduction de ces phrases philosophiques à la fin des critiques historiques françaises qu'ils ont baptisées :

معرفی این عبارات فلسفی در پشت انتقادات تاریخی فرانسه انها لقب:

« Philosophie de l'action », « Vrai socialisme », « Science allemande du socialisme », « Fondement philosophique du socialisme », etc

«فلسفه عمل»،«سوسیالیسم واقعی ،«علم سوسیالیسم المان ، بنیاد فلسفی سوسیالیسم «و غیره»

La littérature socialiste et communiste française est ainsi complètement émasculée

بدین ترتیب ادبیات سوسیالیستی و کمونیستی فرانسه کاملا از بین میرفت

entre les mains des philosophes allemands, elle cessa d'exprimer la lutte d'une classe contre l'autre

در دست فلاسفه المانی از بیان کشمکش یک طبقه با طبقه دیگر دست کشید

et c'est ainsi que les philosophes allemands se sentaient conscients d'avoir surmonté « l'unilatéralité française »

و بنابراین فیلسوفان المانی احساس می کردند که از غلبه بر "یک طرفه بودن فرانسه "اگاه هستند.

Il n'avait pas à représenter de vraies exigences, mais plutôt des exigences de vérité

لازم نبود الزامات واقعی را نشان دهد، بلکه نشان دهنده الزامات حقیقت بود.

il n'y avait pas d'intérêt pour le prolétariat, mais plutôt pour la nature humaine

هیچ علاقه ای به پرولتاریا وجود نداشت، بلکه علاقه به طبیعت انسان وجود داشت.

l'intérêt était dans l'Homme en général, qui n'appartient à aucune classe et n'a pas de réalité

علاقه به انسان به طور کلی بود، که متعلق به هیچ طبقه ای نیست و واقعیت ندارد

un homme qui n'existe que dans le royaume brumeux de la fantaisie philosophique

مردی که فقط در قلمرو مبهم فانتزی فلسفی وجود دارد

mais finalement, ce socialisme allemand d'écolier perdit aussi son innocence pédante

اما سرانجام این سوسیالیسم المانی دانش اموز نیز معصومیت خود را از دست داد

la bourgeoisie allemande, et surtout la bourgeoisie prussienne, luttait contre l'aristocratie féodale

بورژوازی المان و به ویژه بورژوازی پروس علیه اشرافیت فئودالی جنگیدند

la monarchie absolue de l'Allemagne et de la Prusse était également combattue

سلطنت مطلقه المان و پروس نیز علیه

Et à son tour, la littérature du mouvement libéral est également devenue plus sérieuse

و به نوبه خود، ادبیات جنبش لیبرال نیز جدی تر شد

L'Allemagne a eu l'occasion longtemps souhaitée par le « vrai » socialisme de se voir offrir

فرصت طولانی مدت المان برای سوسیالیسم "واقعی "ارائه شد

l'occasion de confronter le mouvement politique aux revendications socialistes

فرصت مقابله با جنبش سیاسی با مطالبات سوسیالیستی

l'occasion de jeter les anathèmes traditionnels contre le libéralisme

فرصتی برای پرتاب نفرت سنتی علیه لیبرالیسم

l'occasion d'attaquer le gouvernement représentatif et la concurrence bourgeoise

فرصتی برای حمله به دولت نماینده و رقابت بورژوازی

Liberté de la presse bourgeoise, législation bourgeoise, liberté et égalité bourgeoise

ازادی مطبوعات بورژوازی،قانون بورژوازی ، ازادی بورژوازی و برابری

Tout cela pourrait maintenant être critiqué dans le monde réel, plutôt que dans la fantaisie

همه اینها اکنون می تواند در دنیای واقعی مورد انتقاد قرار گیرد، نه در فانتزی

L'aristocratie féodale et la monarchie absolue prêchaient depuis longtemps aux masses

اریستوکراسی فئودالی و سلطنت مطلقه مدتها بود که برای تودهها موعظه میکردند

« L'ouvrier n'a rien à perdre, et il a tout à gagner »

کارگر چیزی برای از دست دادن ندارد و همه چیز برای به دست اوردن دارد.

le mouvement bourgeois offrait aussi une chance de se confronter à ces platitudes

جنبش بورژوازی نیز فرصتی برای مقابله با این چیزهای مبتذل ارائه داد

la critique française présupposait l'existence d'une société bourgeoise moderne

انتقاد فرانسویها وجود جامعه بورژوازی مدرن را پیش فرض میکرد

Conditions économiques d'existence de la bourgeoisie et constitution politique de la bourgeoisie

شرایط اقتصادی وجودی بورژوازی و قانون اساسی سیاسی بورژوازی

les choses mêmes dont la réalisation était l'objet de la lutte imminente en Allemagne

همان چیزهایی که دستیابی به انها هدف مبارزهی در حال انتظار در المان بود

L'écho stupide du socialisme en Allemagne a abandonné ces objectifs juste à temps

پژواک احمقانه سوسیالیسم المان این اهداف را درست در زمان مناسب رها کرد

Les gouvernements absolus avaient leur suite de pasteurs, de professeurs, d'écuyers de campagne et de fonctionnaires

دولتهای مطلقه از پارسونها،استادان ، مهتریان و مقامات کشور پیروی
میکردند

le gouvernement de l'époque a répondu aux soulèvements
de la classe ouvrière allemande par des coups de fouet et des
balles

دولت ان زمان قیامهای طبقه کارگر المان را با شلاق و گلوله مواجه
کرد.

pour eux, ce socialisme était un épouvantail bienvenu contre
la bourgeoisie menaçante

برای انها این سوسیالیسم به عنوان یک مترسک خوش امد گویی در
برابر بورژوازی تهدید امیز بود

et le gouvernement allemand a pu offrir un dessert sucré
après les pilules amères qu'il a distribuées

و دولت المان بعد از قرصبهای تلخی که به به دست میداد، توانست دسر
شیرینی به او تعارف کند.

ce « vrai » socialisme servait donc aux gouvernements
d'arme pour combattre la bourgeoisie allemande

این سوسیالیسم "واقعی "بدین ترتیب به عنوان سلاحی برای مبارزه با
بورژوازی المان به دولت ها خدمت کرد.

et, en même temps, il représentait directement un intérêt
réactionnaire ; celle des Philistins allemands

و در عین حال، ان را به طور مستقیم نشان دهنده منافع ارتجاعی؛ که
از فلسطینیهای المان بود

En Allemagne, la petite bourgeoisie est la véritable base
sociale de l'état de choses actuel

در المان طبقه خرده بورژوازی پایه و اساس اجتماعی واقعی وضعیت
موجود امور است.

une relique du XVIe siècle qui n'a cessé de surgir sous
diverses formes

از قرن شانزدهم است که به طور مداوم در اشکال relique یک
مختلف رشد می کند

Conserver cette classe, c'est préserver l'état de choses
existant en Allemagne

حفظ این طبقه یعنی حفظ وضع موجود در المان.

La suprématie industrielle et politique de la bourgeoisie
menace la petite bourgeoisie d'une destruction certaine

برتری صنعتی و سیاسی بورژوازی خرده بورژوازی را با نابودی
حتمی تهدید میکند.

d'une part, elle menace de détruire la petite bourgeoisie par
la concentration du capital

از یک طرف، تهدید به نابودی خرده بورژوازی از طریق تمرکز
سرمایه است.

d'autre part, la bourgeoisie menace de la détruire par
l'avènement d'un prolétariat révolutionnaire

از سوی دیگر، بورژوازی تهدید به نابودی ان از طریق ظهور یک
پرولتاریای انقلابی می کند.

Le « vrai » socialisme semblait faire d'une pierre deux coups-
Il s'est répandu comme une épidémie

به نظر می رسد سوسیالیسم "واقعی "این دو پرنده را با یک سنگ می
کشد. مثل یک بیماری همه گیر گسترش می یابد

La robe de toiles d'araignées spéculatives, brodée de fleurs
de rhétorique, trempée dans la rosée du sentiment maladif

ردای تار عنکبوتهای سوداگرانه که با گلهای لفاظی دوزی شده بود و
در شبنم احساسات بیمارگونه غوطه ور بود

cette robe transcendantale dans laquelle les socialistes
allemands enveloppaient leurs tristes « vérités éternelles »

این ردای متعالی که سوسیالیستهای المانی حقایق ابدی «تاسفبار خود را
در ان میپیچند

tout de peau et d'os, servaient à augmenter
merveilleusement la vente de leurs marchandises auprès
d'un public aussi

همه پوست و استخوان، خدمت به فوق العاده افزایش فروش کالاهای
خود را در میان چنین عمومی

Et de son côté, le socialisme allemand reconnaissait de plus
en plus sa propre vocation

و به نوبه خود،سوسیالیسم المان ،بیشتر و بیشتر ، فراخوان خود را به
رسمیت شناخت

on l'appelait à être le représentant grandiloquent de la
petite-bourgeoisie philistine

ان را نماینده پر سر و صدا از خرده بورژوازی فلسطینی نامیده می شد

Il proclamait que la nation allemande était la nation modèle,
et le petit philistin allemand l'homme modèle

ملت المان را ملت نمونه اعلام کرد و فلسطینی کوچک المانی مرد نمونه

À chaque méchanceté de cet homme modèle, elle donnait une interprétation socialiste cachée, plus élevée

برای هر بدجنسی شرورانه این مرد نمونه،تفسیر پنهان ، بالاتر و ، سوسیالیستی بود

cette interprétation socialiste supérieure était l'exact contraire de son caractère réel

این تفسیر سوسیالیستی بالاتر دقیقا بر خلاف شخصیت واقعی ان بود

Il est allé jusqu'à s'opposer directement à la tendance « brutalement destructrice » du communisme

این به شدت به مخالفت مستقیم با گرایش "وحشیانه مخرب "کمونیسم رسید.

et il proclamait son mépris suprême et impartial de toutes les luttes de classes

و تحقیر عالی و بی طرفانه خود را از تمام مبارزات طبقاتی اعلام کرد

À de très rares exceptions près, toutes les publications dites socialistes et communistes qui circulent aujourd'hui (1847) en Allemagne appartiennent au domaine de cette littérature nauséabonde et énervante

با استثنائات بسیار کمی، تمام نشریات به اصطلاح سوسیالیستی و کمونیستی که اکنون)1847 (در المان گردش می کنند، متعلق به حوزه این ادبیات کثیف و خسته کننده است.

2) Le socialisme conservateur ou le socialisme bourgeois

سوسیالیسم محافظه کار یا سوسیالیسم بورژوازی

Une partie de la bourgeoisie est désireuse de redresser les griefs sociaux

بخشی از بورژوازی خواهان جبران نارضایتیهای اجتماعی است

afin d'assurer la pérennité de la société bourgeoise

به منظور تضمین تداوم وجود جامعه بورژوازی

C'est à cette section qu'appartiennent les économistes, les philanthropes, les humanitaires

به این بخش متعلق به اقتصاددانان،بشردوستان ، بشردوستانه

améliorateurs de la condition de la classe ouvrière et organisateurs de la charité

بهبود وضعیت طبقه کارگر و سازمان دهندگان خیریه

membres des sociétés de prévention de la cruauté envers les animaux

اعضای جوامع برای جلوگیری از ظلم به حیوانات

fanatiques de la tempérance, réformateurs de toutes sortes imaginables

متعصبان اعتدال، اصلاح طلبان سوراخ و گوشه از هر نوع قابل تصور

Cette forme de socialisme a, d'ailleurs, été élaborée en systèmes complets

علاوه بر این، این شکل از سوسیالیسم به سیستم های کامل تبدیل شده است.

On peut citer la « Philosophie de la Misère » de Proudhon comme exemple de cette forme

پرودون را به "Philosophie de la Misère" ما ممکن است عنوان نمونه ای از این فرم ذکر کنیم

La bourgeoisie socialiste veut tous les avantages des conditions sociales modernes

بورژوازی سوسیالیستی تمام مزایای شرایط اجتماعی مدرن را می خواهد

mais la bourgeoisie socialiste ne veut pas nécessairement des luttes et des dangers qui en résultent

اما بورژوازی سوسیالیستی لزوما مبارزات و خطرات ناشی از ان را نمی خواهد

Ils désirent l'état actuel de la société, sans ses éléments révolutionnaires et désintégrateurs

انها خواهان وضعیت موجود جامعه، منهای عناصر انقلابی و متلاشی کننده ان هستند.

c'est-à-dire qu'ils veulent une bourgeoisie sans prolétariat

به عبارت دیگر، انها برای یک بورژوازی بدون پرولتاریا ارزو می کنند

La bourgeoisie conçoit naturellement le monde dans lequel elle est souveraine d'être la meilleure

بورژوازی به طور طبیعی جهانی را تصور می کند که در ان عالی است که بهترین باشد.

et le socialisme bourgeois développe cette conception confortable en divers systèmes plus ou moins complets

و بورژوازی سوسیالیسم این مفهوم راحت را به نظامهای کم و بیش کامل توسعه میدهد.

ils voudraient beaucoup que le prolétariat marche droit dans la Nouvelle Jérusalem sociale

خیلی دوست دارند که پرولتاریا بیراهه به سوی اورشلیم جدید اجتماعی حرکت کند

Mais en réalité, elle exige du prolétariat qu'il reste dans les limites de la société existante

اما در واقع این امر مستلزم ان است که پرولتاریا در محدوده جامعه موجود باقی بماند.

ils demandent au prolétariat de se débarrasser de toutes ses idées haineuses sur la bourgeoisie

انها از پرولتاریا میخواهند که تمام اندیشههای نفرتانگیز خود را درباره بورژوازی کنار نهند،

il y a une seconde forme plus pratique, mais moins systématique, de ce socialisme

یک شکل دوم عملی تر،اما کمتر سیستماتیک ، از این سوسیالیسم وجود دارد

Cette forme de socialisme cherchait à déprécier tout mouvement révolutionnaire aux yeux de la classe ouvrière

این شکل از سوسیالیسم به دنبال تحقیر هر جنبش انقلابی در چشم طبقه کارگر بود

Ils soutiennent qu'aucune simple réforme politique ne pourrait leur être d'un quelconque avantage

انها استدلال می کنند که هیچ اصلاح سیاسی صرف نمی تواند به نفع انها باشد

Seul un changement dans les conditions matérielles d'existence dans les relations économiques est bénéfique

تنها تغییر در شرایط مادی وجود در مناسبات اقتصادی سودمند است.

Comme le communisme, cette forme de socialisme prône un changement des conditions matérielles d'existence

مانند کمونیسم، این شکل از سوسیالیسم طرفدار تغییر در شرایط مادی وجود است.

Cependant, cette forme de socialisme ne suggère nullement l'abolition des rapports de production bourgeois

با این حال، این شکل از سوسیالیسم به هیچ وجه نشان نمی دهد لغو روابط تولید بورژوازی

l'abolition des rapports de production bourgeois ne peut se faire que par la révolution

الغای روابط تولید بورژوازی تنها از طریق یک انقلاب حاصل خواهد شد.

Mais au lieu d'une révolution, cette forme de socialisme suggère des réformes administratives

اما به جای انقلاب، این شکل از سوسیالیسم اصلاحات اداری را نشان می دهد

et ces réformes administratives seraient fondées sur la pérennité de ces relations

و این اصلاحات اداری مبتنی بر ادامه وجود این روابط خواهد بود

réformes qui n'affectent en rien les rapports entre le capital et le travail

بنابراین، اصلاحاتی که به هیچ وجه بر روابط بین سرمایه و کار تاثیر نمی گذارد.

au mieux, de telles réformes réduisent le coût et simplifient le travail administratif du gouvernement bourgeois

در بهترین حالت، چنین اصلاحاتی هزینه را کاهش می دهد و کار اداری دولت بورژوازی را ساده می کند.

Le socialisme bourgeois atteint une expression adéquate
lorsque, et seulement lorsque, il devient une simple figure
de style

سوسیالیسم بورژوایی به بیان کافی دست می یابد، چه زمانی و تنها
زمانی که صرفا به یک شخصیت گفتاری تبدیل می شود.

Le libre-échange : au profit de la classe ouvrière

تجارت ازاد :به نفع طبقه کارگر

Les devoirs protecteurs : au profit de la classe ouvrière

وظایف حفاظتی :به نفع طبقه کارگر

Réforme pénitentiaire : au profit de la classe ouvrière

اصلاح زندان :به نفع طبقه کارگر

C'est le dernier mot et le seul mot sérieux du socialisme
bourgeois

این اخرین کلمه و تنها کلمه جدی سوسیالیسم بورژوازی است.

Elle se résume dans la phrase : la bourgeoisie est une
bourgeoisie au profit de la classe ouvrière

در این عبارت خلاصه می شود :بورژوازی یک بورژوازی است که به
نفع طبقه کارگر است.

3) Socialisme et communisme utopiques critiques

انتقادی- ارمانشهری سوسیالیسم و کمونیسم

Nous ne nous référons pas ici à la littérature qui a toujours donné la parole aux revendications du prolétariat

ما در اینجا به ادبیاتی اشاره نمیکنیم که همواره خواستههای پرولتاریا را به صدا در اورده است.

cela a été présent dans toutes les grandes révolutions modernes, comme les écrits de Babeuf et d'autres

این در هر انقلاب بزرگ مدرن، مانند نوشته های بابوف و دیگران وجود داشته است.

Les premières tentatives directes du prolétariat pour parvenir à ses propres fins échouèrent nécessairement

اولین تلاشهای مستقیم پرولتاریا برای رسیدن به اهداف خود ضرورتا با شکست مواجه شد.

Ces tentatives ont été faites dans des temps d'effervescence universelle, lorsque la société féodale était renversée

این تلاشها در زمان هیجان جهانی، زمانی که جامعه فئودالی در حال سرنگونی بود،انجام شد ـ

L'état alors peu développé du prolétariat a conduit à l'échec de ces tentatives

دولت پرولتاریا که در ان زمان توسعه نیافته بود، منجر به شکست این تلاشها شد.

et ils ont échoué en raison de l'absence des conditions économiques pour son émancipation

و انها به دلیل عدم وجود شرایط اقتصادی برای رهایی ان شکست خوردند

conditions qui n'avaient pas encore été produites, et qui ne pouvaient être produites que par l'époque de la bourgeoisie

شرایطی که هنوز به وجود نیامده بود و تنها با عصر قریب الوقوع بورژوازی می توانست تولید شود

La littérature révolutionnaire qui accompagnait ces premiers mouvements du prolétariat avait nécessairement un caractère réactionnaire

ادبیات انقلابی که با این جنبشهای اولیه پرولتاریا همراه بود، ضرورتا خصلت ارتجاعی داشت.

Cette littérature inculquait l'ascétisme universel et le nivellement social dans sa forme la plus grossière

این ادبیات زاهدانه جهانی و تسطیف اجتماعی را در خامترین شکل خود القا میکرد.

Les systèmes socialistes et communistes, proprement dits, naissent au début de la période sous-développée

سیستم های سوسیالیستی و کمونیستی،به درستی به اصطلاح ، در اوایل دوره توسعه نیافته به وجود می ایند

Saint-Simon, Fourier, Owen et d'autres, ont décrit la lutte entre le prolétariat et la bourgeoisie (voir section 1)

سنت سیمون،فوریر ،اوون و دیگران ، مبارزه بین پرولتاریا و بورژوازی را توصیف کردند)بخش 1 را ببینید(

Les fondateurs de ces systèmes voient, en effet, les antagonismes de classe

بنیانگذاران این سیستم ها در واقع تضادهای طبقاتی را می بینند

Ils voient aussi l'action des éléments en décomposition, dans la forme dominante de la société

انها همچنین عمل عناصر در حال تجزیه را در شکل غالب جامعه می بینند

Mais le prolétariat, encore à ses débuts, leur offre le spectacle d'une classe sans aucune initiative historique

اما پرولتاریا،که هنوز در دوران کودکی خود است ، نمایش یک طبقه بدون هیچ ابتکار تاریخی را به انها ارائه می دهد.

Ils voient le spectacle d'une classe sociale sans aucun mouvement politique indépendant

منظر هی یک طبقهی اجتماعی را میبینند که هیچ جنبش سیاسی مستقلی ندارد

Le développement de l'antagonisme de classe va de pair avec le développement de l'industrie

توسعه تضاد طبقاتی حتی با توسعه صنعت همگام است

La situation économique ne leur offre donc pas encore les conditions matérielles de l'émancipation du prolétariat

از این رو وضعیت اقتصادی هنوز شرایط مادی رهایی پرولتاریا را به انها عرضه نکرده است.

Ils cherchent donc une nouvelle science sociale, de nouvelles lois sociales, qui doivent créer ces conditions

بنابراین انها به دنبال یک علوم اجتماعی جدید، پس از قوانین اجتماعی جدید،که این شرایط را ایجاد می کنند ،جستجو می کنند .

l'action historique, c'est céder à leur action inventive personnelle

عمل تاریخی این است که تسلیم عمل خلاقانه شخصی خود شوند

Les conditions d'émancipation créées historiquement doivent céder la place à des conditions fantastiques

شرایط رهایی که از لحاظ تاریخی ایجاد شده است، باید به شرایط خیالی تسلیم شود

et l'organisation de classe graduelle et spontanée du prolétariat doit céder la place à l'organisation de la société

و سازمان طبقاتی تدریجی و خودجوش پرولتاریا باید تسلیم سازماندهی جامعه شود

l'organisation de la société spécialement conçue par ces inventeurs

سازماندهی جامعه که به طور خاص توسط این مخترعان طراحی شده است

L'histoire future se résout, à leurs yeux, dans la propagande et l'exécution pratique de leurs projets sociaux

تاریخ اینده،در چشم انها ، خود را به تبلیغات و اجرای عملی برنامه های اجتماعی خود حل می کند.

Dans l'élaboration de leurs plans, ils ont conscience de s'occuper avant tout des intérêts de la classe ouvrière

انها در شکل گیری نقشه هایشان اگاهند که عمدتا به منافع طبقه کارگر اهمیت می دهند.

Ce n'est que du point de vue d'être la classe la plus souffrante que le prolétariat existe pour eux

تنها از نقطه نظر رنجشترین طبقه بودن است که پرولتاریا برای انها وجود دارد.

L'état sous-développé de la lutte des classes et leur propre environnement informent leurs opinions

وضعیت توسعه نیافته مبارزه طبقاتی و محیط اطراف انها نظرات انها را اگاه می کند

Les socialistes de ce genre se considèrent comme bien supérieurs à tous les antagonismes de classe

سوسیالیستها از این نوع خود را بسیار برتر از همه تضادهای طبقاتی
میدانند

Ils veulent améliorer la condition de tous les membres de la
société, même celle des plus favorisés

انها می خواهند وضعیت هر عضو جامعه را بهبود بخشند، حتی مورد
علاقه ترین افراد.

Par conséquent, ils s'adressent habituellement à la société
dans son ensemble, sans distinction de classe

از این رو،انها معمولا به جامعه به طور کلی ،بدون تمایز طبقه ، تجدید
نظر می کنند

Bien plus, ils font appel à la société dans son ensemble de
préférence à la classe dirigeante

نه، انها به طور کلی جامعه را به طبقه حاکم ترجیح می دهند

Pour eux, tout ce qu'il faut, c'est que les autres comprennent
leur système

برای انها، تنها چیزی که لازم است این است که دیگران سیستم خود را
درک کنند.

Car comment les gens peuvent-ils ne pas voir que le
meilleur plan possible est le meilleur état possible de la
société ?

زیرا چگونه مردم نمی توانند ببینند که بهترین برنامه ممکن برای
بهترین وضعیت ممکن جامعه است؟

C'est pourquoi ils rejettent toute action politique, et surtout
toute action révolutionnaire

از این رو، انها تمام اقدامات سیاسی و به ویژه تمام اقدامات انقلابی را
رد می کنند.

ils veulent arriver à leurs fins par des moyens pacifiques

انها میخواهند با صلح و صفا به اهداف خود برسند

ils s'efforcent, par de petites expériences, qui sont
nécessairement vouées à l'échec

انها با ازمایشهای کوچکی تلاش میکنند که لزوما محکوم به شکست
هستند.

et par la force de l'exemple, ils essaient d'ouvrir la voie au
nouvel Évangile social

و با نیروی مثال انها سعی می کنند راه را برای انجیل اجتماعی جدید
هموار کنند

De tels tableaux fantastiques de la société future, peints à une époque où le prolétariat est encore dans un état très sous-développé

چنین تصاویر فوق العاده ای از جامعه اینده، در زمانی که پرولتاریا هنوز در یک وضعیت بسیار توسعه نیافته است،نقاشی شده است ـ

et il n'a encore qu'une conception fantasmatique de sa propre position

و هنوز تصوری خیالی از وضع خود دارد

Mais leurs premières aspirations instinctives correspondent aux aspirations du prolétariat

اما نخستین ارزوهای غریزی انها با ارزوهای پرولتاریا مطابقت دارد

L'un et l'autre aspirent à une reconstruction générale de la société

هر دو ارزوی بازسازی عمومی جامعه را دارند

Mais ces publications socialistes et communistes contiennent aussi un élément critique

اما این نشریات سوسیالیستی و کمونیستی نیز حاوی یک عنصر انتقادی هستند.

Ils s'attaquent à tous les principes de la société existante

انها به هر اصل جامعه موجود حمله می کنند

C'est pourquoi ils sont remplis des matériaux les plus précieux pour l'illumination de la classe ouvrière

از این رو انها پر از ارزشمندترین مواد برای روشنگری طبقه کارگر هستند

Ils proposent l'abolition de la distinction entre la ville et la campagne, et la famille

انها پیشنهاد لغو تمایز بین شهر و روستا، و خانواده

la suppression de l'exercice de l'industrie pour le compte des particuliers

لغو حمل در صنایع برای حساب از افراد خصوصی

et l'abolition du salariat et la proclamation de l'harmonie sociale

و لغو نظام دستمزد و اعلام هماهنگی اجتماعی

la transformation des fonctions de l'État en une simple surveillance de la production

تبدیل کارکردهای دولت به یک نظارت صرف بر تولید

Toutes ces propositions ne pointent que vers la disparition des antagonismes de classe

تمام این پیشنهادات، تنها به ناپدید شدن خصومتهای طبقاتی اشاره دارد

Les antagonismes de classe ne faisaient alors que surgir

خصومتهای طبقاتی در ان زمان تازه در حال ظهور بود

Dans ces publications, ces antagonismes de classe ne sont reconnus que dans leurs formes les plus anciennes, indistinctes et indéfinies

در این نشریات این تضادهای طبقاتی تنها در اولین، نامشخص و تعریف نشده خود شناخته شده است.

Ces propositions ont donc un caractère purement utopique

بنابراین، این پیشنهادات از یک شخصیت صرفا اتوپیایی هستند

La signification du socialisme et du communisme critiques-utopiques est en relation inverse avec le développement historique

اهمیت سوسیالیسم و کمونیسم ارمانشهری انتقادی رابطه معکوسی با توسعه تاریخی دارد.

La lutte de classe moderne se développera et continuera à prendre une forme définitive

مبارزه طبقاتی مدرن شکل قطعی خواهد گرفت و شکل قطعی خواهد گرفت.

Cette réputation fantastique du concours perdra toute valeur pratique

این ایستادگی خارق العاده از مسابقه تمام ارزش عملی خود را از دست خواهد داد

Ces attaques fantastiques contre les antagonismes de classe perdront toute justification théorique

این حملههای خیالی به ضدیت طبقاتی همه توجیهات تئوریک را از دست خواهد داد

Les initiateurs de ces systèmes étaient, à bien des égards, révolutionnaires

بنیانگذاران این سیستم ها از بسیاری جهات انقلابی بودند.

Mais leurs disciples n'ont, dans tous les cas, formé que des sectes réactionnaires

اما شاگردان انها،در هر مورد ، فرقه های ارتجاعی صرف تشکیل داده اند

Ils s'en tiennent fermement aux vues originales de leurs maîtres

انها نظرات اصلى اربابان خود را محكم نگه مى دارند

Mais ces vues s'opposent au développement historique progressif du prolétariat

اما این دیدگاهها در تضاد با تکامل تاریخی مترقی پرولتاریا هستند.

Ils s'efforcent donc, et cela constamment, d'étouffer la lutte des classes

بنابراین،انها تلاش مى كنند ،و این به طور مداوم ، براى از بین بردن مبارزه طبقاتى

et ils s'efforcent constamment de concilier les antagonismes de classe

و پیوسته میكوشند تا تضادهاى طبقاتى را با هم اشتى دهند

Ils rêvent encore de la réalisation expérimentale de leurs utopies sociales

انها هنوز رویاى تحقق تجربى ارمانشهرهاى اجتماعى خود را دارند.

ils rêvent encore de fonder des « phalanstères » isolés et d'établir des « colonies d'origine »

انها هنوز رویاى تاسیس "فالانستر هاى "جدا شده و ایجاد "مستعمرات خانگى "را دارند.

ils rêvent de mettre en place une « Petite Icarie » – éditions duodecimo de la Nouvelle Jérusalem

كوچك "ـ نسخه هاى دوازدهه "Icaria انها رویاى راه اندازى یک اورشلیم جدید

Et ils rêvent de réaliser tous ces châteaux dans les airs

و انها رویاى تحقق تمام این قلعه در هوا

Ils sont obligés de faire appel aux sentiments et aux bourses des bourgeois

انها مجبورند به احساسات و كیف پولهاى بورژواها مراجعه كنند

Peu à peu, ils s'enfoncent dans la catégorie des socialistes conservateurs réactionnaires décrits ci-dessus

به تدریج انها در مقوله سوسیالیست هاى محافظه كار ارتجاعى كه در بالا به تصویر كشیده شده است فرو مى روند

ils ne diffèrent de ceux-ci que par une pédanterie plus systématique

این تفاوتها فقط به واسطهى یک دست و پا گرفتن منظمتر است.

et ils diffèrent par leur croyance fanatique et superstitieuse aux effets miraculeux de leur science sociale

و با عقاید متعصبانه و خرافاتی خود در مورد اثرات معجزهاسای علوم اجتماعی خود اختلاف نظر دارند

Ils s'opposent donc violemment à toute action politique de la part de la classe ouvrière

بنابراین، انها با خشونت با تمام اقدامات سیاسی طبقه کارگر مخالفت می کنند۔

une telle action, selon eux, ne peut résulter que d'une incrédulité aveugle dans le nouvel Évangile

به گفته انها، چنین عملی تنها می تواند ناشی از بی ایمانی کورکورانه به انجیل جدید باشد۔

Les owénistes en Angleterre et les fouriéristes en France s'opposent respectivement aux chartistes et aux réformistes

اونی ها در انگلستان و چهارمی ها در فرانسه به ترتیب با چارتیست ها و "فرمیست ها "مخالف هستند۔

Position des communistes par rapport aux divers partis d'opposition existants

موضع کمونیستها در رابطه با احزاب مختلف مخالف موجود

La section II a mis en évidence les relations des communistes avec les partis ouvriers existants

بخش دوم روابط کمونیستها با احزاب طبقه کارگر موجود را روشن ساخته است.

comme les chartistes en Angleterre et les réformateurs agraires en Amérique

مانند چارتیست ها در انگلستان و اصلاح طلبان کشاورزی در امریکا

Les communistes luttent pour la réalisation des objectifs immédiats

کمونیستها برای دستیابی به اهداف فوری میجنگند

Ils luttent pour l'application des intérêts momentanés de la classe ouvrière

انها برای اجرای منافع لحظه ای طبقه کارگر مبارزه می کنند

Mais dans le mouvement politique d'aujourd'hui, ils représentent et s'occupent aussi de l'avenir de ce mouvement

اما در جنبش سیاسی زمان حال، انها همچنین اینده ان جنبش را نمایندگی و مراقبت می کنند.

En France, les communistes s'allient avec les social-démocrates

در فرانسه کمونیستها خود را با سوسیال دمکراتها متحد میکنند

et ils se positionnent contre la bourgeoisie conservatrice et radicale

و خود را در برابر بورژوازی محافظه کار و رادیکال قرار می دهند

cependant, ils se réservent le droit d'adopter une position critique à l'égard des phrases et des illusions traditionnellement héritées de la grande Révolution

با این حال، انها این حق را برای خود محفوظ می دارند که موضع انتقادی در رابطه با عبارات و توهمات سنتی از انقلاب بزرگ داشته باشند.

En Suisse, ils soutiennent les radicaux, sans perdre de vue que ce parti est composé d'éléments antagonistes

انها در سوئیس از رادیکالها حمایت میکنند، بدون اینکه این واقعیت را از دست دهند که این حزب از عناصر متخاصم تشکیل شده است.

en partie des socialistes démocrates, au sens français du terme, en partie de la bourgeoisie radicale

بخشی از سوسیالیستهای دموکراتیک،به معنای فرانسوی ، بخشی از بورژوازی رادیکال

En Pologne, ils soutiennent le parti qui insiste sur la révolution agraire comme condition première de l'émancipation nationale

در لهستان انها از حزبی حمایت می کنند که بر انقلاب ارضی به عنوان شرط اصلی رهایی ملی اصرار دارد.

ce parti qui fomenta l'insurrection de Cracovie en 1846

ان دسته که در سال 1846 به شورش کراکو دامن زد

En Allemagne, ils luttent avec la bourgeoisie chaque fois qu'elle agit de manière révolutionnaire

در المان انها با بورژوازی هر زمان که به شیوه ای انقلابی عمل می کند،می جنگند ـ

contre la monarchie absolue, l'escroc féodal et la petite bourgeoisie

علیه سلطنت مطلقه، مهترشی فئودالی و خرده بورژوازی

Mais ils ne cessent jamais, un seul instant, inculquer à la classe ouvrière une idée particulière

اما انها هرگز برای یک لحظه از القای یک ایده خاص به طبقه کارگر دست بر نمی دارند.

la reconnaissance la plus claire possible de l'antagonisme hostile entre la bourgeoisie et le prolétariat

روشنترین شناخت ممکن از خصومت خصمانه بین بورژوازی و پرولتاریا

afin que les ouvriers allemands puissent immédiatement utiliser les armes dont ils disposent

تا کارگران المانی بتوانند بلافاصله از سلاحهایی که در اختیار دارند استفاده کنند

les conditions sociales et politiques que la bourgeoisie doit nécessairement introduire en même temps que sa suprématie

شرایط اجتماعی و سیاسی که بورژوازی باید ضرورتا همراه با برتری
خود معرفی کند

la chute des classes réactionnaires en Allemagne est
inévitable

سقوط طبقات ارتجاعی در المان اجتناب ناپذیر است

et alors la lutte contre la bourgeoisie elle-même peut
commencer immédiatement

و سپس مبارزه علیه بورژوازی ممکن است بلافاصله اغاز شود

Les communistes tournent leur attention principalement
vers l'Allemagne, parce que ce pays est à la veille d'une
révolution bourgeoise

کمونیست ها توجه خود را عمدتا به المان معطوف می کنند، زیرا این
کشور در استانه انقلاب بورژوازی است.

une révolution qui ne manquera pas de s'accomplir dans des
conditions plus avancées de la civilisation européenne

انقلابی که باید در شرایط پیشرفته تر تمدن اروپایی به اجرا در اید

Et elle ne manquera pas de se faire avec un prolétariat
beaucoup plus développé

و باید با پرولتاریای بسیار پیشرفته تر انجام شود

un prolétariat plus avancé que celui de l'Angleterre au XVIIe
siècle, et celui de la France au XVIIIe siècle

پرولتاریای پیشرفتهتر از انگلستان در قرن هفدهم و پرولتاریای فرانسه
در قرن هجدهم بود.

et parce que la révolution bourgeoise en Allemagne ne sera
que le prélude d'une révolution prolétarienne qui suivra
immédiatement

و چون انقلاب بورژوازی در المان تنها مقدمه انقلاب پرولتری
بلافاصله پس از ان خواهد بود

Bref, partout les communistes soutiennent tout mouvement
révolutionnaire contre l'ordre social et politique existant

به طور خلاصه، کمونیست ها در همه جا از هر جنبش انقلابی علیه
نظم اجتماعی و سیاسی موجود حمایت می کنند.

Dans tous ces mouvements, ils mettent au premier plan,
comme la question maîtresse de chacun d'eux, la question de
la propriété

در تمام این جنبشها،انها به عنوان سوال اصلی در هر یک ، مسئله مالکیت را به جلو می اورند

quel que soit son degré de développement dans ce pays à ce moment-là

مهم نیست که در ان زمان در ان کشور چه میزان پیشرفت داشته باشد

Enfin, ils œuvrent partout pour l'union et l'accord des partis démocratiques de tous les pays

در نهایت، انها در همه جا برای اتحاد و توافق احزاب دموکراتیک همه کشورها کار می کنند۔

Les communistes dédaignent de dissimuler leurs vues et leurs objectifs

کمونیست ها از پنهان کردن دیدگاه ها و اهداف خود بیزارند

Ils déclarent ouvertement que leurs fins ne peuvent être atteintes que par le renversement par la force de toutes les conditions sociales existantes

انها اشکارا اعلام می کنند که اهدافشان تنها با سرنگونی اجباری تمام شرایط اجتماعی موجود به دست می اید.

Que les classes dirigeantes tremblent devant une révolution communiste

بگذارید طبقات حاکم در یک انقلاب کمونیستی بلرزند

Les prolétaires n'ont rien d'autre à perdre que leurs chaînes

پرولترها چیزی برای از دست دادن ندارند جز زنجیرهایشان.

Ils ont un monde à gagner

انها دنیایی برای برنده شدن دارند

TRAVAILLEURS DE TOUS LES PAYS, UNISSEZ-VOUS !

کارگران همه کشورها، متحد شوید

www.ingramcontent.com/pod-product-compliance
Lightning Source LLC
Chambersburg PA
CBHW011742020426
42333CB00024B/3001